APPS PARA MÚSICOS

Jame Day

APPS PARA MÚSICOS

© 2018, Jaime Dairon Muñoz Ruiz

© 2018, Redbook Ediciones, s. l., Barcelona

Diseño de cubierta: Regina Richling

Edición: ebc, serveis editorials / gama, sl

ISBN: 978-84-947917-2-7
Depósito legal: B-1.099-2018

Impreso por Sagrafic, Plaza Urquinaona, 14 7º 3ª, 08010 Barcelona

Impreso en España - *Printed in Spain*

A mis padres, Jaime Muñoz y M.ª Ángeles Ruiz, por regalarme tanto amor y felicidad.

A mi familia y amigos, por quererme, ayudarme en cada momento y hacer de mi vida algo tan especial. A mis tías Carmen Muñoz y Laura Cañete, por ayudarme con la revisión de este libro sin contar las horas.

A Brían Martínez, por enseñarme tanto y de tantas cosas. A Isabel Villagar y Agustín Martínez, por inspirarme y apoyarme desde el primer minuto. A Leyre López, Raquel García y Belén Sánchez, por su docencia y cariño a lo largo de mi vida. A Mariela Gómez-Pardo, por plantar en mí la semilla de la innovación y confiar en que mi blog podía dar frutos; y a M.ª Carmen Sansaloni, por enseñarme tanto y transmitirme su vocación docente. A Daniel Burgos, por introducir este libro con tanta estima. A Martí Pallàs, por poner en tinta estas palabras.

A ti, por liberar mi voz del papel.

ÍNDICE

PRÓLOGO

Si algo potencia el acceso masivo a información, servicios, recursos, productos, relaciones y tanto de todo que facilita Internet, es la diversidad. Diversidad para acertar y para fallar. Diversidad para consumir y para aportar. Diversidad para criticar y ser criticado. Y también diversidad para aprender como nunca antes. Aplicaciones de texto, imagen, mundos virtuales, realidad aumentada, vídeo, dictado, juegos y tantas otras se pueden convertir en vehículos de estudio, en unidades de aprendizaje. Gracias a las aplicaciones en cualquier dispositivo y, en especial, en móviles y tabletas, las posibilidades de medios, mensajes y actores se multiplica exponencialmente. Casi cualquier persona con casi cualquier conexión y un dispositivo de mediana calidad puede acceder a fuentes de información y redes de aprendizaje.

Internet también aporta una diversidad de metodologías de enseñanza y de estrategias de aprendizaje: colaborativo, personalizado, adaptativo, inverso, semi-presencial y, así, un largo etcétera. Sobre estos, dos resaltan al hablar de música: la posibilidad de practicar sin límite el método de ensayo y error, y la tutorización automática o semiautomática. Mediante estudios de grabación, afinadores, piezas de acompañamiento, lectura de partituras, simuladores de instrumentos, seguimiento de los estudiantes, estudio de los diversos estilos musicales y hasta el marketing musical, este libro de Jame Day propone ideas y pistas para que cada lector haga suyas la curiosidad y el espíritu de superación que todo músico posee necesariamente. El lector podrá probar sin restricción y recibir apoyo para cualquier enfoque que le interese.

Como antiguo profesor del autor en un posgrado sobre tecnología e innovación educativas, pero también como músico aficionado que soy, encuentro con interés esquinas y matices en la aproximación del texto. Y lo veo no como un manual ni como un ensayo, sino como un iniciador. Ese siempre relevante elemento que hace que algo ocurra, que una persona reaccione o desarrolle una pasión y empuje su motivación para aprender más, para aprender mejor. Sirva, pues, este breve prólogo como la antesala de ese disparador que hará que el lector avive su curiosidad por las aplicaciones móviles sobre música.

Daniel Burgos,
director de UNIR iTED y
de la Cátedra UNESCO en eLearning y
vicerrector de Transferencia y Tecnología de la
Universidad Internacional de la Rioja (UNIR)

INTRODUCCIÓN

Tecnología y música: ¿por qué unirlos?

Admitámoslo: todos somos cómplices de la evolución tecnológica que está experimentando la sociedad. No tiene nada que ver nuestro conocimiento sobre tecnología, nuestro oficio o nuestros intereses. ¡Nos arrastra a todos!

Por poner un ejemplo, hace nada escuchábamos música desde un compact disc, más conocido como CD, que introducíamos en minicadenas –que de «mini» no tenían nada–, y hoy en día tenemos altavoces con tecnología Bluetooth que caben en la palma de la mano y que, además, son sumergibles, tienen manos libres, decoran, iluminan y contienen un sinfín de opciones complementarias a la audición de música.

Aún recuerdo mi primer reproductor de mp3. Era cuadrado, pequeño, con dos gigabytes de capacidad y una opción que lo convertía en especialmente útil: permitía aumentar o disminuir la velocidad de los audios que almacenaba hasta en un 25%. Yo, por aquel entonces, ya disfrutaba escuchando a mis pianistas favoritos (estudiaba piano en el conservatorio), pero sentía que jamás podría tocar como ellos. Sin embargo, con esta opción de disminuir la velocidad podía hacerlo, a mi ritmo (en ocasiones a velocidades extremamente lentas), pero podía tocar junto a ellos, acompañarlos con la mano izquierda e incluso improvisar un contrapunto a lo que tocaban. ¡Era increíble!

Cuando somos niños nuestro mundo interior es fantástico, somos capaces de imaginar cualquier cosa y vivirla de forma tan real e intensa que a veces no sabemos distinguir qué fue real y qué fue soñado. Así pues, gracias a ese viejo reproductor, en un abrir y cerrar de ojos mis sesiones de estudio se convertían en recitales a cuatro manos en grandes y lujosas salas de concierto junto a los más grandes pianistas, recibiendo, por supuesto, ovaciones, halagos y aplausos por mis brillantes (y ralentizadas) sesiones de estudio.

Lo curioso de esto es que, sin buscarlo ni ser consciente, estaba ahí, a mis doce años de edad y en el salón de mi casa, siendo partícipe del cambio que acontecía: estaba fusionando la tecnología y la música para aprender y hacer del estudio algo mucho más interesante. ¡Y eso antes de que la expresión «tecnología educativa» estuviese en boca de todos!

Comprendo que este no es el caso de todos. Aquí florece lo que conocemos como nativos e inmigrantes digitales, términos acuñados por Marc Prensky:

- **Inmigrantes digitales**: personas nacidas y educadas antes del auge de las nuevas tecnologías. Todos mis profesores de infancia pertenecían a este grupo. Con ellos las clases acontecían con la metodología tradicional, e intuyo que sus sesiones de estudio también. Aun así recuerdo que muchos de ellos innovaban a su manera dando a los alumnos grabaciones interesantes de las obras para que las escucharan en casa. Puedo decir que sí, que los que lo hicieron fueron auténticos visionarios.

- **Nativos digitales**: personas nacidas y educadas después del auge de las nuevas tecnologías. Yo he crecido rodeado de tecnología, la hice partícipe de mi estudio cuando era niño, y ahora, de adulto, inevitablemente la incluyo en las clases de piano con mis alumnos.

Soy un claro nativo digital. Pero la tecnología no lo es todo en mis clases, tan solo es un complemento. No obstante, sí pretendo que mis alumnos experimenten y descubran (como yo hice en mi niñez) las infinitas posibilidades que ofrecen estos recursos en el aprendizaje musical.

El ejemplo explicado en esta introducción es solo un caso personal, pero creo que refleja una clara respuesta a lo que se plantea en el epígrafe «¿Por qué unir tecnología y música?».

Es evidente que la tecnología me ha ayudado a desarrollar mi carrera musical de una forma mucho más completa. Conforme crecía y veía los avances que la tecnología me ofrecía, más se enriquecían mis sesiones de estudio y las clases con mis alumnos.

Tal fue mi entusiasmo que, en el último año de carrera, decidí comenzar a escribir un blog sobre apps para músicos (www.appsparamusicos.com) para compartir la multitud de posibilidades que ofrecen las nuevas tecnologías para el estudio musical.

Ese entusiasmo rápidamente se contagió como un virus (ya sabéis cómo es Internet) y a las pocas semanas empecé a recibir correos electrónicos y mensajes de músicos amateurs y profesionales de todas partes del mundo pidiéndome sugerencias sobre los recursos tecnológicos que podían utilizar para su circunstancia concreta.

Alumnos principiantes, padres con interés en que su hijo se iniciara en la música, profesores de música de secundaria, solistas, directores de orquesta y coro, concertistas... Fue entonces cuando descubrí que la música pide unirse a la tecnología. Con este libro y a tu lado quiero que lo hagamos posible. ¿Me acompañas?

Cómo utilizar este libro

Escoge tus temas

Este libro está pensado para complementar la formación musical y profesional de cualquier persona, sin importar su nivel de aprendizaje anterior, pero en ningún caso está pensado para sustituir a un docente.

Se estructura en seis bloques, en los que se presentan aplicaciones móviles, recursos e ideas para emplearlos en los diferentes contextos. Cada uno de estos bloques es independiente, y puedes leerlos en el orden que consideres según tus necesidades.

El primero está destinado a la **iniciación musical** y presenta aplicaciones que ayudan a tener una primera toma de contacto con la música, tanto para niños como para adultos. La música es un lenguaje, el lenguaje universal, dicen. Comenzar a aprender una nueva lengua es complejo y requiere un sobreesfuerzo muy grande y una alta motivación. Los recursos tecnológicos pueden, además de facilitar esta inmersión, acelerar el proceso de aprendizaje para que el alumno pueda entrar de lleno en la interpretación de un instrumento.

El segundo bloque presenta diferentes aplicaciones para **aprender a tocar un instrumento**. Bueno, o al menos para experimentar con él y tener una primera cita musical divertida y no traumática. En mis años de experiencia como profesor de piano he visto cientos de veces cómo los alumnos observan con admiración y estupor el instrumento la primera vez. Los más pequeños no suelen resistirse a juguetear con él nada más entrar en clase, y los adultos atienden a mis explicaciones iniciales conteniendo sus ansias y, seguramente, pensando: «Vale, pero ¿cuándo voy a poder tocarlo?». Estas aplicaciones no te harán esperar.

En el tercer bloque, los alumnos que ya están estudiando música en escuelas o conservatorios encontrarán aplicaciones e ideas para **mejorar en sus estudios**. Recursos para perfeccionar su técnica, entender la teoría musical, ser más productivos y organizarse mejor (algo fundamental en los alumnos que tienen que compaginar el conservatorio con otros estudios).

El cuarto bloque de este libro está destinado a docentes que quieren **introducir las nuevas tecnologías en el aula**, pero no saben muy bien cómo hacerlo ni por dónde empezar. Se dan propuestas metodológicas, así como ideas para gestionar a sus alumnos, crear proyectos innovadores o convertir sus clases en más interactivas mediante las nuevas tecnologías.

El quinto bloque muestra cómo con algunas aplicaciones podemos **iniciarnos y adentrarnos en estilos musicales diferentes al clásico** como el pop, rock, jazz, flamenco o la música electrónica.

Finalmente, el sexto y último bloque del libro está destinado a los músicos profesionales (o aspirantes) que quieran **promocionarse y vender su música en Internet**. En esta sección se ofrecen consejos y recursos que permiten desarrollar una estrategia de promoción eficaz y de calidad por medio de diversas plataformas y redes sociales.

Gamifícate

Uno de los principales objetivos de este libro es cambiar tu comportamiento con respecto a la forma en la que aprendes y enseñas música, utilizando aplicaciones móviles que hagan de tu aprendizaje una experiencia más enriquecedora.

La mayoría de las aplicaciones aquí indicadas son fáciles de aplicar en un contexto educativo de **gamificación**. Este término se refiere al uso de técnicas propias del juego para cambiar el comportamiento de las personas. Comenzó como un término propio del marketing y curiosamente una de las primeras campañas publicitarias que triunfó con esta técnica incluyó la música (venga, voy a contártela).

Es la que hizo la empresa automovilística Volkswagen, que instaló un piano gigante en unas escaleras de una estación de trenes de Estocolmo. Con estas escaleras, que sonaban mientras los viajeros las subían o bajaban, demostraron que, al ser más divertidas, la gente prefería realizar el esfuerzo de subir por las escaleras estáticas antes que por las mecánicas, mucho más cómodas pero más «aburridas». Es decir, demostraron cómo la gente cambia de actitud frente a la diversión.

Por tanto, este libro pretende eso: que tanto tú como tus alumnos cambiéis de actitud disfrutando de la música. Toma este libro, úsalo y diviértete. Ten tu instrumento cerca y coge tu móvil, tableta u ordenador para buscar las aplicaciones que encuentres más interesantes. Pero no te limites a las que aquí aparecen. Ten en cuenta que las aplicaciones son efímeras, pueden desaparecer en cualquier momento (el autor de este libro no se hace responsable en ningún momento de la situación, cambios de precio o condiciones de ninguna de las aplicaciones mencionadas en esta obra).

Yo aquí planto una semilla, dejar que el árbol crezca es labor tuya. Indaga sobre la existencia de muchas más aplicaciones, sé creativo, busca diferentes maneras de utilizar los recursos tecnológicos que se nos van ofreciendo año tras año, combínalos y hazlo siempre con el fin de que tu experiencia musical y tu desarrollo como músico y docente sea una explosión de sueños y emociones, tal y como descubrí yo a los doce años desde el salón de mi casa. ¡Que disfrutes!

1

APPS PARA INICIARSE EN LA MÚSICA

Estimulación musical prenatal

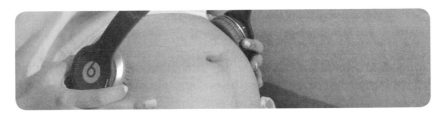

Muchos son los profesionales que recomiendan la estimulación temprana incluso durante los meses de gestación, pues afirman que las experiencias previas al nacimiento condicionan el posterior aprendizaje del niño.

Con la música sucede lo mismo. El feto termina de desarrollar el sentido auditivo durante la semana 24, pudiendo escuchar lo que hay fuera del vientre, como la voz de sus progenitores, algunos sonidos y cómo no, la música.

Seguro que alguna vez has visto la fotografía que encabeza este capítulo: una mujer embarazada poniendo en su vientre unos cascos. Posiblemente habrás escuchado que esta práctica hace que los bebés nazcan más inteligentes. Obviamente no hay que malinterpretar esto: no vamos a tener hijos prodigio o un futuro Einstein por el mero hecho de ponerles música durante el embarazo.

A lo que nos referimos es que esta práctica influye positivamente en el desarrollo del bebé. Mediante la música ayudamos a estimular distintas zonas del cerebro durante su evolución, le iniciamos en la concentración y escucha atenta y ayudamos a reducir los episodios de ansiedad y estrés de la madre durante el embarazo y, por tanto, del hijo. Existen cientos de aplicaciones con piezas seleccionadas para este fin, estos son algunos ejemplos:

- **Sonidos de Cuna** (Android, iOS): esta aplicación ofrece la posibilidad de escuchar tus propias canciones o reproducir una selección de audios que se incluyen en la misma, entre los que hay sonidos relajantes de la naturaleza o sonido blanco, así como un temporizador para controlar el tiempo de escucha.

- **Nuryl** (Android, iOS): el nombre de esta aplicación viene dado directamente por la compañía homónima que la ha creado, Nuryl, especializada en estimulación musical del cerebro de bebés desde los 5 meses de gestación hasta los 2 años de edad. Requiere una suscripción, con la que se recibe una nueva lista de reproducción de música cada mes, adaptada a la etapa de desarrollo en que se encuentra. Defiende que, al contrario de otras apps similares, la música de Nuryl activa el cerebro (en vez de relajarlo), ayudando al desarrollo activo. Curiosamente, uno de sus creadores es Rick Beato, padre de Dylan, un pequeño que con 10 años de edad dio la vuelta al mundo con un vídeo viral en el que demostraba su asombroso oído absoluto (habilidad de identificar cualquier nota con solo oírla, sin necesidad de una referencia anterior), identificando y entonando todas las notas de complejos acordes al piano. Fuese o no por el uso de esta aplicación, ¿a quién no le gustaría tener un fenómeno así en casa? (Puedes ver el asombroso vídeo de Dylan en YouTube buscando «Perfect Pitch: The World's Greatest Ear!!».)

Pese a que existen estas aplicaciones y su uso está muy extendido, se suele tener la creencia de que poner música relajante al feto es el único modo de estimular de forma prenatal al bebé. Pensar esto es un error, pues no hay que olvidar que el feto puede escuchar sonidos del exterior, por lo que aprender a tocar un instrumento, cantar y asistir o participar a conciertos son otras maneras muy recomendables de estimular al bebé.

 Consejo 1: Karaoke prenatal

Muchas veces la mejor forma que tenemos de desbloquear las tensiones físicas y emocionales es escuchar música y relajarnos. Si estás embarazada, cuando te sientas estresada o con ansiedad, escucha la música que te guste pero de una forma más original: busca la versión instrumental (karaoke) de una canción y ponla en un equipo de música próximo a tu vientre.

Canta tú la parte vocal o tócala con un instrumento con la música de fondo. Alterna esto con audiciones de la parte instrumental únicamente. Tu bebé comenzará a disociar la melodía que tú cantas de la música de fondo y se fomentará que comience a recordar cómo es la melodía sin escucharla.

Jugar con la música: aplicaciones para preescolares

Si me detengo a pensar en mis primeros recuerdos de la etapa preescolar incluiría algunos momentos puntuales que me llamaron la atención: las celebraciones familiares, momentos con juguetes que para mí fueron significativos y alguna canción que cantaban mis padres para que no me aburriera en el coche, pero poco más. Posiblemente tus recuerdos no difieran mucho de los míos.

Pero realmente en la etapa preescolar (antes de los 3 años) no albergamos ningún recuerdo como tal; es lo que se conoce como **amnesia**

infantil. Los «recuerdos» de esta etapa son más bien un cúmulo de imágenes, sentimientos y vivencias inconexas muy influenciadas y moldeadas por la información que posteriormente vamos adquiriendo.

Por poner un ejemplo, ¿cuántas veces has pensado que son recuerdos de infancia lo que en realidad son escenas que has visto en vídeos familiares o fotografías? Realmente nos resulta muy difícil «recordar» escenas de nuestra infancia de las que no tenemos imágenes o que no podemos contextualizar en un escenario concreto que hemos vuelto a ver a posteriori. Esto lo causa la amnesia infantil.

Este fenómeno se debe a que antes de los tres años de edad nuestro cerebro, en concreto el hipocampo, se encuentra todavía en desarrollo generando nuevas neuronas, por lo que la poca información que retenemos a esa corta edad queda dispersa y solo es reconstruida si posteriormente obtenemos información que permita hacer conexiones más o menos fidedignas y lógicas sobre lo que nos ocurrió.

No obstante, pese a que las experiencias que vivimos en esta etapa no perduran de por vida en nuestra memoria, sí que lo hacen en nuestro desarrollo cognitivo, y es por ello que existe la estimulación temprana en muchas facetas educativas. Una de las más completas y de las más utilizadas en la educación infantil es la música, ya que permite desarrollar habilidades como el habla (cantando), la coordinación motriz (tocando instrumentos o bailando), la memoria y el sentido auditivo.

Además, tocar un instrumento nos permite desarrollar lo que se conoce como **psicomotricidad fina**. La psicomotricidad es la capacidad que tenemos de enviar un determinado movimiento del cerebro al músculo y que este lo sepa realizar. Podemos distinguir entre psicomotricidad fina, que coordina los movimientos que se realizan con las manos y los dedos, y gruesa, que coordina los grandes movimientos realizados con todo el cuerpo.

Para esta estimulación existen varias aplicaciones con las que los pequeños pueden manipular, escuchar y experimentar con sonidos para explorar el mundo que les rodea:

- **ArtBaby Music** (Android, iOS): es una aplicación ideal para la estimulación infantil, ya que permite que los bebés compongan música mientras dibujan, de manera que ellos solos acaban descubriendo cómo con sus movimientos pueden dibujar una melodía, en sentido literal.

▨ **Piano Dust Buster** (iOS): va a ser el primer piano en el que los más pequeños podrán experimentar con sus teclas y con las partituras. En ella se va a guiar al niño para que acuda a las teclas necesarias para así tocar canciones sencillas y con un acompañamiento instrumental de fondo muy atractivo. Además, podemos utilizar tanto el teclado que aparece en la pantalla de nuestro iPad como uno real, ya que tiene un sistema inteligente de escucha y reconoce las notas que suenan en nuestro piano.

▨ **Toca Band** (Android, iOS): es otra aplicación genial en la que los pequeños pueden crear su gran concierto. En ella deberán elegir a los músicos entre 16 personajes diferentes, arrastrarlos al escenario y crear su propia orquesta. Cada uno de ellos toca un instrumento o canta en diferentes estilos, con distintos ritmos, más rápidos o más lentos. Pero si los juntas siempre crean música realmente fantástica. ¡La combinación de todos ellos les resulta divertidísimo!

Consejo 2: Mejor en familia

Si eres músico (profesional o aficionado) seguro que deseas que tu hijo desarrolle el gusto por la música como tú. Una de las actividades más estimulantes a cualquier edad es hacer música en conjunto. Puedes acompañarlo con un instrumento mientras esté jugando, e incluso intentar sacar de oído las melodías o patrones armónicos que utilizan las aplicaciones de este capítulo, o las canciones populares que más le gusten, e improvisar acompañamientos con tu instrumento mientras tu hijo juega. Será una manera divertida en la que ambos desarrollaréis habilidades musicales.

Aprende a leer partituras

En los años que llevo como profesor de piano he visto que una de las mayores dificultades que encuentran los alumnos, tanto los adultos como los niños, al comenzar las clases de música es aprender a leer las notas musicales.

Recuerdo la desesperación de mi primer profesor de piano, de la vieja escuela, cuando me pedía que me supiera al dedillo todas las notas a las pocas semanas de empezar. Algo que puede parecer sencillo desde el punto de vista del profesor (pues realmente el número de notas que hay que aprender es limitado) se torna en algo realmente complejo y abstracto en la cabeza del aprendiz.

He conocido personas que incluso me han confesado abandonar su sueño de tocar un instrumento por la dificultad que les supone leer partituras. Tal es el pánico que han llegado a suscitar las pequeñas (y diabólicas para muchos) bolitas negras que flotan sobre el papel pautado, que incluso en las últimas décadas se han elaborado métodos de enseñanza que tratan de eludir este paso empleando colores, números, símbolos y otros códigos que faciliten abordar el instrumento sin necesidad de conocer las notas musicales.

Es cierto que todo depende de las particularidades de cada alumno, pero por lo general, en lo que respecta a mis clases, considero importante afrontar esta dificultad con la mayor urgencia, pues es un paso por el que antes o después hay que pasar si se quieren afrontar partituras de cierta complejidad y tras el que, una vez superado, las posibilidades del instrumento se multiplican exponencialmente.

Memorizar las notas musicales no tiene truco. Aunque hay reglas mnemotécnicas que pueden ayudar a recordarlas los primeros días o incluso meses, la práctica y la repetición serán las únicas vías por las que llegaremos a convertir el alfabeto musical en un lenguaje propio.

Con mis alumnos, las aplicaciones móviles han desempeñado un papel fundamental en este proceso; algunos alumnos han aprendido las notas a la perfección en tan solo una semana de práctica. ¡Cuántos disgustos se hubiera ahorrado mi primer profesor de piano si yo hubiese desarrollado esta agilidad tan pronto!

Recuerdo que en mi infancia la forma más extendida de entrenar la lectura de notas era llenando hojas y hojas de una libreta de papel pautado con cientos de bolitas dibujadas por el profesor al azar que el alumno debía nombrar.

No hay nada más aburrido y más contraproducente. De este modo los más espabilados se dedicaban a contar nota por nota (línea-espacio, línea-espacio) hasta el último de los ejercicios, o simplemente a buscar la misma nota en ejercicios anteriores. Picardía: 1; agilidad de lectura: 0.

Para evitar este método recomiendo tanto a padres como a alumnos adultos instalar en sus dispositivos móviles aplicaciones como las siguientes:

■ **NoteWorks** (Android, iOS): esta aplicación presenta unos ejercicios muy graduales y, al estar disponible tanto para tableta como para móvil, permite que se practique en cualquier momento y lugar. El objetivo es fácil: la pantalla muestra una nota

que debemos identificar antes de que pase un tiempo determinado. Comienza alternando entre tres notas y, gradualmente,
amplía el rango de notas y reduce el tiempo que permite para
reconocerlas. De esta manera, al incluir el factor tiempo en el
juego, damos más emoción al aprendizaje y evitamos prácticas
desfavorables como las mencionadas con anterioridad. Con la
práctica, el juego consigue lo pretendido: que se identifiquen las
notas de un solo vistazo.

- **Aprendenotas** (Android): una aplicación genial para aprender
las notas tanto de la clave de sol como de la clave de fa (fundamental, por ejemplo para pianistas). Con una interfaz muy
atractiva para los más pequeños, promueve la motivación a través de un sistema de recompensas y proporciona un ranking de
alumnos. Ideal si tienes varios alumnos y quieres que se moti-
ven compitiendo entre ellos.

- **Staff Wars** (Android y iOS): con una interfaz inspirada en la
película *Star Wars*, esta aplicación permite practicar la lectura
de notas en diferentes claves desde el registro grave al agudo. Si
tienes algún alumno friki de la saga, con esta aplicación la fuerza
os acompañará.

- **Jungle Music** (Android): es un juego muy similar a NoteWorks,
que también nos permite aprender fácilmente a leer notas en
todas las claves mediante un método progresivo.

- **iNotas** (Android): esta aplicación es más adecuada para adultos
(o profesores), ya que su interfaz es menos atractiva, pero las
prestaciones son mucho más completas. Por ejemplo, nos permite generar informes en PDF para posteriormente comparar los
resultados y analizar si hay progresos en nuestra práctica o no.

- **Saber leer notas musicales** (Android): esta aplicación, de
nombre poco original pero muy claro, es perfecta para aprender las notas a la vez que se trabaja también la escucha, ya que
se puede elegir entre identificar las notas visualmente (aparecen en el pentagrama) o identificarlas sonoramente (las escuchamos). Además también permite practicar la clave de sol y la
clave de fa.

Consejo 3: Reglas mnemotécnicas

Las reglas mnemotécnicas nos ayudan enormemente a pequeños y a mayores a recordar conceptos abstractos como las notas musicales. Implícate en el aprendizaje de estas con tus hijos (o contigo mismo) inventando reglas mnemotécnicas que os ayuden a identificar rápidamente el nombre de las notas y su situación en el pentagrama.

Por ejemplo, para recordar las notas que hay en las líneas en la clave de sol puede servir la frase «Mi sol siempre reluce fantástico», de manera que rápidamente identifique las notas que se sitúan sobre las líneas comenzando desde la primera (la de abajo): MI-SOL-SI-RE-FA.

Cuanto más absurdas y estrafalarias sean las frases que inventéis, antes se las aprenderán y más divertido les resultará el aprendizaje.

Conoce la teoría musical

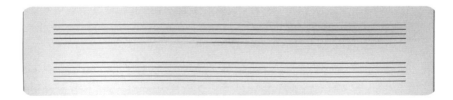

Otro «hueso» de muchos estudiantes de música es la parte teórica del lenguaje musical, y en este caso no solamente en los cursos iniciales, pues la teoría musical nos acompaña desde el primer curso de grado elemental hasta el último curso de carrera y, por supuesto, durante el desarrollo profesional.

También este aspecto hace que muchos estudiantes abandonen sus estudios de música en cursos iniciales o incluso en los más avanzados. El problema en este caso es que un mal aprendizaje de los conceptos básicos puede acarrear dificultades en cursos posteriores. Pero no os asustéis, si ya estáis estudiando lenguaje musical y no os aclaráis no hay nada irreversible, ¡y en ningún caso debe asustaros tanto como para abandonar la música!

Cuando de niño empecé a ir a las clases de solfeo cantábamos, hacíamos ritmos y jugábamos. La teoría inicial me resultó relativamente fácil. Recuerdo que todo era maravilloso hasta que llegaron los intervalos y las escalas; tendría unos nueve o diez años (sí, ¡quedé traumatizado!). Podría deciros que sin tener esos dos conceptos claros, el resto de la teoría que viene después es muchísimo más difícil.

En mi caso, hasta pasados unos cuantos años, ya bien crecidito, no llegué a interiorizarlos bien y a establecer unas reglas que pusieran orden en mi cabeza, por lo que puede decirse que sí, la teoría ha sido «mi hueso».

Pero en la era de Internet todo se respira diferente. Si hay algo que no comprendes o no sabes hacer, desde resolver intervalos hasta hacer una tortilla francesa, no tienes más que teclearlo en un buscador y encontrarás miles de opciones, trucos y consejos sobre cómo hacerlo.

- Para la teoría musical existe el espacio web **Teoria.com**, que se ha ganado una fama por sus buenas explicaciones, claras y fiables, así como por la cantidad de recursos que alberga, como vídeos, animaciones y ejercicios autocorregibles. En esta página web se encuentran explicaciones en español de los conceptos teóricos fundamentales para todo músico, esos que decía anteriormente que han de quedar claros si queremos tener una buena base y evitarnos dolores de cabeza en el futuro.

- Si tienes buen nivel de inglés (o quieres mejorarlo), te recomiendo encarecidamente **MusicTheory.net**, una plataforma que ofrece explicaciones muy buenas –en inglés– y que es muy sencilla de utilizar. Aunque sinceramente creo que el recurso que más os va a interesar es el de las calculadoras. Permitidme que no me haga responsable de si a partir de hoy hacéis o no trampas en vuestros ejercicios de teoría. En esta página podéis encontrar calculadoras que os «chivarán» los intervalos, las alteraciones de las tonalidades, los acordes e incluso las funciones tonales con solo escribir las notas del ejercicio. ¿Recordáis que más arriba os decía que de pequeño la teoría me provocaba dolor de cabeza? ¡Imaginad mi felicidad si me hubiese enterado de la existencia de un sitio web así!

Pero realmente lo útil es aprenderlo bien y no hacer trampas. Como he dicho, la teoría es una base de la que no podemos (y no debemos) huir. Por eso, es interesante que se entienda y se practique. El programa de software libre (gratuito) **LenMus** ofrece una gran cantidad de explicaciones y ejercicios interactivos para comprender la teoría musical desde los fundamentos, así que es una opción a considerar.

Otra opción también es la de consultar los muchos blogs de profesores de música que comparten su conocimiento de forma altruista, como es el caso de «El lenguaje musical de Fátima», «Almudena Lenguaje Musical» o «El blog de M.ª Jesús Camino», por nombrar unos pocos (consulta el anexo para conocer muchos más). Estos profesores derraman vocación en cada uno de los recursos que comparten en sus blogs, no dudéis en visitarlos y buscar los miles que hay en la red, a cual mejor, ¡de verdad!

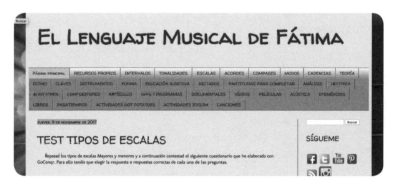

Para aspectos concretos también existen algunas aplicaciones que permiten trabajar y mejorar la comprensión de la teoría musical, pero las veremos en más profundidad en el tercer bloque de este libro.

Consejo 4: Recursos de estudio gamificado

Estudiar la teoría no es la parte más atractiva del proceso de aprendizaje musical, pero es necesaria. Muchas veces conlleva memorizar conceptos, relaciones, símbolos... La mejor forma de estudiar este tipo de contenidos es hacerlo de manera interactiva. Páginas como «Quizlet» o «Goconqr» son recursos fantásticos que nos permiten crear juegos a partir de nuestros apuntes, no solo de música. Su filosofía es «aprende jugando». Ya sabéis, ¡esa es la clave!

Despierta el oído musical

Si en el punto anterior os reconocía públicamente el que fue mi talón de Aquiles en la infancia, en este apartado debo reconocer que mi punto más fuerte fue este: el oído.

Entre mis alumnos me resulta curioso ver cómo algunos tienen un oído musical envidiable de forma casi innata (los hay que sacan diez tras diez en los dictados musicales sin ninguna práctica ni refuerzo en casa), mientras que a otros les supone un gran esfuerzo incluso distinguir si una nota es más aguda o más grave que la anterior.

Pero como dice aquella frase que más de uno habrá escuchado: «La práctica hace al maestro»; y en el desarrollo del oído musical esto no es distinto.

Una de las limitaciones que encontrábamos en la etapa pretecnológica era lo que hoy conocemos con el término anglosajón *feedback*, que no es más que la cualidad de un elemento para ofrecer una respuesta inmediata a nuestro proceso de aprendizaje, diciéndonos al momento si lo hacemos bien o mal.

Lo más parecido entonces eran los cuadernos de ejercicios autocorregibles, que tenían las respuestas al final del libro. ¡Qué pereza girar una y otra vez las páginas para comprobar si, ejercicio tras ejercicio, estabas en lo correcto!

Afortunadamente, con el *feedback* instantáneo que ofrecen las nuevas tecnologías podemos valorar en cada momento nuestro progreso sin necesidad de perder tanto tiempo. Esto se traduce no solo en términos de productividad, también de aprendizaje, pues cuantas más veces podamos repetir los ejercicios para practicar, antes adquiriremos y desarrollaremos las destrezas trabajadas.

El entrenamiento del oído musical ha estado muy estrechamente ligado al desarrollo de la tecnología musical. Hace varias décadas informáticos y músicos ya se preocuparon por desarrollar un método digital para el entrenamiento auditivo de los músicos. Uno de los primeros proyectos de educación musical asistida por ordenador empleaba precisamente de esta capacidad. El ordenador emitía un sonido y el usuario debía reconocer de qué nota se trataba.

De eso hace varias décadas y, actualmente, existen multitud de opciones que permiten despertar el oído de los más pequeños desde el propio teléfono móvil o tableta:

- **EasyMusic** (Android, iOS): es un buen ejemplo de ello, ya que permite que los niños a partir de 5 años comiencen a distinguir sonidos, repetir patrones y secuencias sonoras por medio del juego. Con unos gráficos muy cuidados y atractivos, los niños aprenderán y a la vez desarrollarán todo el potencial de su sentido auditivo.

- **TocAndRoll** (Android, iOS): es otra gran aplicación para que los más pequeños se animen a experimentar con la música. Es un estudio de grabación para niños, muy sencillo de utilizar, que les permite crear sus propias canciones mezclando diferentes instrumentos en un multipistas virtual, añadir efectos, grabar la voz, pulsar el play y escuchar sus canciones como si lo hicieran por la radio. ¿Imagináis lo divertido que puede ser esto para ellos?

■ **Kapu Bloom Tunes** (Android, iOS): también es una opción genial para que los peques se inicien en el desarrollo auditivo; además, combina el gusto por la música y por la pintura. Diseñado para edades de entre 0 y 3 años, permite que, mediante la manipulación de los elementos que aparecen en la pantalla, los niños escuchen melodías, acordes y sonidos distintos que les permitirán crear sus propias composiciones. Lo bueno de esta aplicación es que no hay puntuaciones ni tiempos límite ni niveles de dificultad. Está pensada por y para la experimentación musical de forma divertida y amena.

■ **Music Bottles** (Android): esta aplicación ofrece un sencillo xilófono con divertidas botellas animadas que suenan al ser pulsadas. Con esta aplicación los niños pueden empezar explorar el mundo de la música tocando melodías muy sencillas.

Consejo 5: Laboratorio sonoro

Una buena forma de dejar que tu hijo desarrolle el oído es permitiéndole que experimente con el sonido. Para ello una buena opción es la creación de un laboratorio sonoro donde tenga diferentes instrumentos de pequeña percusión e incluso objetos cotidianos que sean manipulables (no peligrosos) y sonoros.

Su implicación será mucho más activa si tras dejarle experimentar realizáis juegos de reconocimiento. Puedes hacerlo tapándote las manos mientras manipulas o golpeas un objeto (para que reconozca de qué se trata) o grabando diferentes sonidos con el móvil y escuchándolos, por ejemplo, cuando vayáis en el coche. Esta segunda opción puedes variarla y hacerlo con cualquier elemento de la casa (puerta, grifo, secador, ducha...) o incluso con voces de familiares.

2

APPS PARA INICIARSE EN UN INSTRUMENTO

Aprende a tocar el piano

Cuánta gente cuando se entera de que soy profesor de piano me ha dicho: «¡Oh qué bonito! Siempre he querido aprender a tocar el piano, pero...». Pero ¿qué?

Hoy en día lo que no nos quedan ya son excusas. El «no tengo tiempo», «no me puedo permitir unas clases» o «no tengo piano» pueden rebatirse fulminantemente gracias a las apps.

Uno de los instrumentos que más popularidad ha ganado desde la época del Romanticismo (allá por el siglo XIX) es el piano. Es por esto que ya entonces se le denominó el instrumento rey, heredando el título que poseía el órgano durante el Barroco.

En aquella época ver tocar a un pianista causaba gran furor, producía desmayos en el público (¡lo mismo que sucede actualmente con Justin Bieber y compañía!) e incluso se organizaban apuestas entre poderosos aristócratas para enfrentar a grandes virtuosos, a los que patrocinaban.

Estas hazañas debieron ser auténticos espectáculos. Los duelos solían tener una clara estructura: el primer reto consistía en interpretar una pieza a elección del pianista, la de mayor virtuosismo y dificultad técnica que conociera; posteriormente improvisaban sobre un tema que le proponía el rival, y como última parte debían leer a primera vista (sin conocer la partitura de antemano) una pieza compuesta por el otro intérprete, por supuesto, a tiempo real. Debía de ser fascinante. Por supuesto, a mayor equilibrio entre ambos intérpretes, mayor era la tensión que se mantenía en la sala hasta el último momento. El ganador era quien conseguía superar las tres fases sin error alguno y asombrando más a la audiencia.

Aunque hoy en día no se practican estos duelos, el éxito del instrumento rey perdura hasta nuestros días. Sin ir más lejos, hace unos años, concretamente en 2014, triunfó en el mundo entero una aplicación para móviles llamada Piano Tiles, que ese mismo año se alzó con el título de aplicación de ocio más descargada.

Este juego realmente no tiene nada que ver con el piano, aunque lo disfrazan como que sí. Es un juego de agilidad visual que consiste en tocar cuadrados negros que aparecen en la pantalla y emiten sonido de piano al pulsar sobre ellos. La dificultad viene en que progresivamente estos cuadrados aparecen a mayor velocidad. La relación con el piano es simplemente que como *leitmotiv* musical utilizan versiones al piano de temas que van desde la música clásica hasta los últimos éxitos pop, y parece que realmente el jugador esté tocando el piano.

Aunque no se puede decir que esta aplicación ha enseñado a las nuevas generaciones a tocar el piano, sin duda lo que sí ha hecho es despertarle el gusanillo por interpretar sus temas favoritos en uno real.

Los más valientes se echan a la carrera y se compran un teclado que muchas veces acaba arrinconado y olvidado en una estancia de la casa. Algunos se animan con tutoriales de YouTube, otros se apuntan a clases con un profesor, y otros buscan si existe alguna aplicación para su móvil.

Efectivamente, existen. Lo impresionante de ellas es que, lejos de ser recursos distantes, en la actualidad ya está muy desarrollado el sistema de reconocimiento de audio, esto es, las aplicaciones se sirven del micrófono para detectar si estás tocando las notas correctas, y en caso de que te equivoques te lo señala y no te deja continuar hasta que lo corrijas. ¡Eso sí que es exigencia!

Hay varias aplicaciones que utilizan este sistema inteligente y que además secuencian los contenidos por niveles, mediante retos y puntuaciones (gamificación) para que puedas aprender de forma gradual partituras cada vez más complejas. Todas ellas tienen un plan de suscripción, así que en el caso de que te decidas a pagar te recomiendo probarlas todas, utilizar la versión o el periodo de prueba que ofrecen y decidirte por la que más te guste, ya que cada una tiene sus ventajas.

- **Flowkey** (web, Android, iOS): es, a mi parecer, una de las aplicaciones más completas para aprender a tocar el piano. Enseña a modo de tutorial interactivo, mostrándonos la pantalla dividida en dos secciones horizontales. En la parte superior nos descubre las manos del profesor en el piano (en vídeo), y en la parte inferior, la partitura, que se mueve perfectamente sincronizada con el vídeo. Además, nos permite reducir la velocidad de reproducción y aprender las canciones por fragmentos cortos, que se repiten en bucle, fomentando algo que, como profesor de piano os puedo decir que es muy recomendable: repetir, repetir y más repetir, siempre por pasajes muy breves. No solo el sistema es genial, sino que la plataforma cuenta con una biblioteca muy amplia (que además siempre se está renovando) de partituras tanto de música clásica como de canciones actuales de varios géneros, y todas ordenadas por niveles.

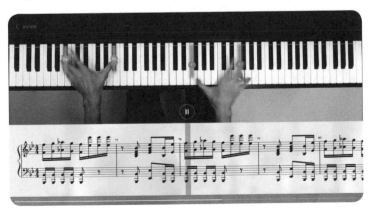

- **Yousician** (Android, iOS): es otra aplicación que también utiliza el reconocimiento inteligente para saber por medio del micrófono si tocamos las notas correctas o no, y aunque en este caso no podemos ver las manos del profesor, aparece un piano virtual en la parte inferior de la pantalla, y la partitura en la superior. Lo bueno de esta aplicación es que emplea un código de colores muy sencillo que ayuda a identificar y relacionar la tecla que se debe tocar con el dedo correcto, así como el tiempo que tiene que permanecer pulsada. El código de colores convierte este sistema en una metodología muy progresiva que no requiere saber solfeo desde el primer momento, aunque, como ya os he comentado más arriba, yo no soy muy partidario de alargar esta situación por mucho tiempo. Además, otro aspecto que me encanta de esta aplicación es que te guía en todo momento sobre cómo aprender la partitura, es decir, no te abandona a la aventura frente al piano. Te dirige desde el primer segundo, «trocea» la canción y te acompaña en su estudio, sección por sección, a manos separadas y lentamente. Solo cuando dominas el fragmento anterior, te deja continuar. ¡Es como tener a un profesor superexigente controlando cada paso que das! Todo esto viene acompañado de bases instrumentales espectaculares, como si tocaras con tu propia banda de músicos.

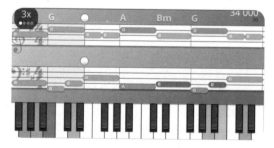

- **Piano Maestro** (iOS): esta aplicación es un mixto entre las dos anteriores. También posee el sistema inteligente de reconocimiento de lo que tocamos y nos muestra la partitura (en notación musical) y un piano con las teclas que debemos pulsar destacadas.

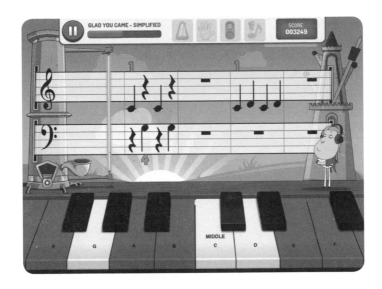

Por supuesto tengo que romper una lanza a mi favor como profesor, y es que por ideales que parezcan estas aplicaciones, jamás van a sustituir el papel de un buen profesor. De momento aún no pueden corregir cuestiones fundamentales como la postura corporal, la posición de la mano, la relajación muscular (un aspecto muy delicado en los comienzos), así como resolver los problemas técnicos que podamos encontrar durante el estudio, o prevenir lesiones y vicios que en un futuro pueden ser contraproducentes o incluso graves. Tampoco nos puede enseñar otros aspectos importantes y necesariamente humanos como la musicalidad, la expresividad o el sentimiento al tocar, algo que va mucho más allá de lo que pone en una partitura y que únicamente puede transmitirse con la sabiduría y experiencia de un buen maestro.

Consejo 6: Combina enseñanzas

En este capítulo se ha afirmado que las aplicaciones no sustituyen en ningún momento a un profesor, ya que hay muchas cuestiones que no pueden enseñar ni corregir.

Si tienes poco tiempo o por cualquier motivo no ves viable tener un profesor particular semanalmente, te recomiendo que alternes las dos modalidades. Muchas instituciones educativas combinan la enseñanza presencial con el aprendizaje en línea, es lo que se conoce como *blended learning* o aprendizaje semipresencial.

Busca un profesor que conozca tu situación y esté dispuesto a darte clases periódicamente (por ejemplo, una vez al mes). Podrás seguir aprendiendo por medio de las aplicaciones, pero no dejarás de lado otros aspectos importantes que solo un profesor podrá enseñarte.

Aprende a tocar la guitarra

En realidad calificar al piano como el instrumento rey es bastante cuestionable. Tan solo hay que echar un vistazo y preguntarse: ¿en cuántos hogares hay una guitarra y en cuántos un piano?

En toda casa de vecino hay una guitarra, aunque sea una reliquia familiar heredada, esté sin cuerdas, llena de polvo y olvidada en el trastero de la casa. También es muy común que los adolescentes que empiezan como cantantes o como cantautores lo hagan acompañados de una guitarra y en la soledad de su habitación, aunque sea tocando siempre los mismos acordes.

Por tanto, a juzgar por el número de hogares conquistados y su alcance popular podríamos redefinir que el instrumento rey de nuestros tiempos es la guitarra.

Más de un lector habrá sentido ahora unas ganas incontrolables de rescatar esa guitarra perdida en el trastero, desenfundarla, ponerle cuerdas y quitarle el polvo. ¿A que sí? ¡Adelante! Tú saca la guitarra que yo pongo las apps.

Como he dicho antes, muchos aficionados a cantar o componer hacen sus primeros pinitos acompañados de una guitarra. Este ha sido el caso de grandes estrellas de la canción, desde Elvis o John Lennon hasta Katy Perry o Taylor Swift. Si este es tu caso y lo que quieres es conocer los acordes básicos —y los no tan básicos— para después cantar tus temas favoritos con acompañamiento de guitarra, te recomiendo estas aplicaciones:

- **GuitarTuna** (Android, iOS): de los mismos creadores de Yousician, la aplicación de la que hablábamos en la sección anterior, nace un afinador de guitarra que también sirve como profesor interactivo. Esta aplicación se sirve del mismo código de colores que comentábamos más arriba y también de la tecnología inteligente de escucha y reconocimiento sonoro por medio del micrófono, de modo que podemos aprender todos los acordes de la guitarra sin saber ni una nota de solfeo. Todo ello por medio de un método interactivo que nos escucha al tocar la guitarra, nos corrige cuando no lo estamos haciendo bien, y nos da consejos para que nuestro instrumento suene cada vez mejor. Pinta bien, ¿no? Por supuesto, al igual que en Yousician, contamos con un repertorio gigante de canciones de estilos variados. ¡Ah! Y al ser de los mismos creadores, existen funcionalidades compartidas, como continuar con una formación de guitarra más completa en Yousician (Android, iOS), que, aunque no lo había comentado, ofrece, además de clases de piano, guitarra, bajo y ukelele.

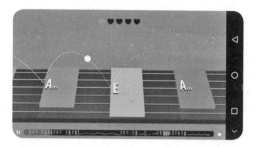

■ **Ultimate Guitar** (Android, iOS): es la aplicación de la conocida plataforma homónima donde alrededor de dos millones de usuarios comparten tablaturas (un sistema de escritura para guitarra que no requiere conocimiento de solfeo) de casi cualquier canción que se nos ocurra. Resulta obvio decir que la cantidad de partituras que tiene es quizá mucho mayor que la de las aplicaciones mencionadas hasta ahora: al tratarse de una plataforma abierta a todos los usuarios, estos aumentan el repertorio con sus aportaciones desde todas partes del mundo a diario. Asimismo, esta aplicación consta de herramientas como el estudio por fragmentos, la escucha en bucle, metrónomo y afinador.

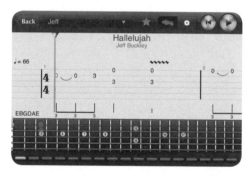

■ ¿Ya sabes tocar la guitarra y te gustaría que esto te sirviese para algo más? Entonces no puedes perderte **iFretless Brass** (iOS), un sintetizador de instrumentos de viento metal orientado a guitarristas. El diseño nos muestra el mástil de una guitarra o un bajo desde el que podemos generar sonidos de instrumentos de viento metal con una calidad sonora y un realismo sorprendentes. La aplicación también reconoce la presión que se ejerce sobre la pantalla, permitiendo al músico realizar diferentes dinámicas y acentos. Genial para hacerse bases instrumentales y montarse toda una orquesta de viento metal desde nuestra casa con solo saber tocar la guitarra.

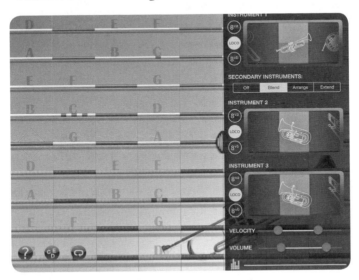

 Consejo 7: Crea tus instrumentales

La música se compone de tres elementos fundamentales que la sustentan: el ritmo, la melodía y la armonía. La guitarra, al ser un instrumento polifónico (puede emitir más de un sonido a la vez), permite interpretar en un solo instrumento los tres elementos citados.

Aprende los acordes y patrones rítmicos de tus canciones preferidas o composiciones, grábate y crea las versiones instrumentales para después tocar o cantar la melodía encima. Además, con iFretless Brass puedes cambiar el sonido de guitarra por el de otros instrumentos de viento y hacer unas versiones más completas.

Aprende la técnica del canto

Vale, quizás atribuir a la guitarra el título de instrumento rey de nuestros tiempos es atrevido sabiendo que los cantantes que llegan a ser ídolos de masas pueden ser personalidades tan influyentes y poderosas como los políticos o los mismísimos reyes.

Con su liderazgo de la disciplina musical han moldeado nuestro pensamiento, protagonizado movimientos revolucionarios como la cultura pop, rock, punk o indie, que han configurado nuestra forma de pensar, actuar, vestir y vivir. ¿Es entonces la voz el verdadero instrumento rey de nuestra época?

Lo dejo a vuestro criterio, pero lo que queda claro es que entre los siglos IX y X el canto jugaba un papel crucial en la música. Prueba de esto es que estaba escrita para cantantes, y no otro instrumento, la primera manifestación escrita de música polifónica (con más de una melodía sonando simultáneamente) de la historia, o al menos del desarrollo de la música occidental. Fue en una partitura para voz, en la que unos cantaban la melodía principal y otros realizaban un contrapunto (una segunda línea melódica) sobre la principal.

¿Imagináis que no existiera la polifonía? Toda la música que creamos y consumimos hoy en día quedaría reducida a una sola melodía. Toda una orquesta tocando al unísono. ¡Sería cosa de locos!

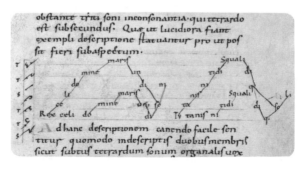

Por si esta información ha despertado tu curiosidad, te recomiendo informarte sobre el tratado anónimo *Musica Enchiriadis* (*c.* 900 dC), donde se encontraron los primeros manuscritos que trataban de dejar por escrito las polifonías orales. Por otro lado, la primera partitura musical escrita a una sola voz que se conoce es la que se encuentra esculpida en el *Epitafio de Seikilos*, y data aproximadamente del 1225 aC. Nunca te acostarás sin saber una cosa más ¡o dos!

La cuestión es que al canto le debemos mucho: pensad en qué hace la gente cuando está feliz... ¡canta! Si en la sección anterior afirmábamos que todo el mundo tenía una guitarra en casa, es una realidad innegable decir que al menos, si no tienen una guitarra, lo que sí hacen es cantar o canturrear.

Cantar bien es diferente. Ya no me refiero a afinado (hay quien ya lo da por perdido) sino con la técnica correcta, y para eso es necesario formarse.

Yo me recuerdo cantando desde muy pequeño. Puede que no haya pasado un día en mi vida en que al menos haya entonado algo aunque fuese unos segundos. Sin embargo, recuerdo que de niño, aunque no lo hacía mal, tampoco tenía una voz bonita y angelical como algunos de mis compañeros.

Esto me generaba una especie de frustración, por lo que rogaba a mis padres clases de canto para que mi voz sonase bonita y afinada. Por recomendación de la profesora de canto del centro acordamos que lo mejor era esperar unos años para que la voz me cambiara y se fortaleciera mi musculatura.

Hoy día hubiese sido más sencillo. Posiblemente mi padre hubiese buscado recursos sobre canto infantil en Internet, aterrizando en webs de referencia como «La brújula del canto», o me hubiese dejado experimentar mediante aplicaciones como las siguientes:

- **Órganos 3D**: quien haya recibido clases de canto sabrá que el primer paso es tomar conciencia de nuestro cuerpo y aprender a lo que llaman «respirar desde el diafragma». Esta aplicación, aunque no está relacionada con la música, nos permite conocer el funcionamiento de nuestros órganos para visualizar exactamente dónde se sitúa el diafragma en nuestro cuerpo, entender cómo funciona y comprender a qué se refieren cuando nos dicen que respiremos «desde ahí».

■ Para la postura corporal, algo importantísimo a la hora de cantar, también puede resultar útil **Perfect Posture Workout** (Android, iOS), una aplicación muy simpática que nos ayuda a mejorar nuestra colocación alertándonos con vibraciones cada vez que encorvamos la espalda y dejamos caer los hombros hacia delante.

■ Otro aspecto especialmente importante para cantar es controlar la respiración. Por increíble que parezca, también hay aplicaciones que nos ayudan a esto, como **Breathe+** (iOS), que incluso nos secuencia ejercicios diarios para controlar y mejorar nuestra capacidad pulmonar.

Una vez comenzamos a ser conscientes de nuestro cuerpo y nuestra respiración podemos empezar a cantar. Lo primero que hace el profesor de canto es testear tu voz, es decir, saber qué tipo de voz tienes (soprano, mezzosoprano, contralto, tenor, barítono o bajo). Para conocer nuestra tesitura existen dos aplicaciones muy curiosas, aunque el mejor testeo te lo hará un profesional.

■ **Vocalist** y **SingSharp**: en ambas tenemos la opción de conocer nuestro rango vocal haciendo un *glissando* (cantando desde la nota más grave que podamos hacer a la más aguda sin cortar el sonido) y la aplicación nos dice directamente a qué cuerda vocal pertenecemos.

Una vez conocemos nuestro tipo de voz debemos empezar a tomar conciencia de cómo usamos nuestra voz, pero siempre comenzando cada ensayo con un calentamiento suave.

■ **Voice Builder**: es una aplicación sencilla pero perfecta para calentar. En ella podemos configurar nuestra tesitura y ajustar el tiempo que queremos dedicar al calentamiento. En función de ello nos ofrecerá una serie de ejercicios completamente guiados por una voz en off (en inglés) y un piano.

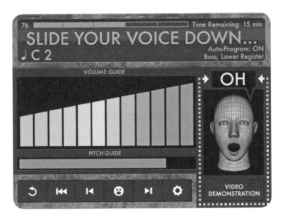

Las dos aplicaciones mostradas anteriormente (Vocalist y SingSharp) también nos ofrecen la opción de realizar ejercicios de calentamiento, afinación e, incluso, cantar canciones. Ambas lo hacen por medio de la gamificación, es decir, mediante el juego.

En el canto, si de gamificación se trata, nos llevan años de ventaja al resto de instrumentos. Más de un profesor de canto exclamará: «¿Ah, sí?». Efectivamente, la empresa de videojuegos Sony Computer Entertainment ya vislumbró el éxito que tendría en 2004 el archiconocido videojuego SingStar. Con él se comenzó a utilizar la disciplina vocal a modo de ocio, ayudando a más de un aficionado a mejorar su afinación e incluso su oído, pero no su técnica.

■ Los creadores de **Vanidoo_** (iOS) vieron el potencial de este sistema de gamificación y decidieron crear una aplicación que enseñara a cantar pero desde su base: la técnica. Para ello realiza un seguimiento de nuestro «entrenamiento» vocal desde el primer día. Nos ofrece ejercicios que parten desde los primeros pasos, llevándonos hasta otros que nos permiten sentir y conocer la voz que resuena en nuestra cabeza y la que lo hace en el pecho, hasta una serie de ejercicios de agilidad vocal o coloratura. Todo ello comprobando y registrando nuestra capacidad pulmonar y nuestra exactitud en la afinación. Y como cualquier videojuego, funciona en base a nuestras puntuaciones, de manera que cuántos más puntos obtenemos más rápido subimos de nivel. Este meticuloso registro se almacena en un calendario al que podemos acceder para comprobar de un vistazo si estamos cumpliendo o no con nuestra rutina de ensayo diario. De no ser así podemos ponernos alarmas para que nos recuerde diariamente realizar los ejercicios. En definitiva, es la aplicación idónea para iniciarse en las clases de canto.

Ya que hemos entrado en el meticuloso mundo de la técnica vocal, es importante que hablemos del concepto del timbre. Este concepto se define como la cualidad sonora de la voz de una persona (o de un instrumento musical) que le permite diferenciarla de otra. Viene determinado por los armónicos, que no son más que un conjunto de sonidos agudos que acompañan a uno fundamental, que es la nota que percibimos.

Todo esto que suena tan raro quiere decir que cuando escuchamos una nota (sea del instrumento que sea), en realidad no solo suena esa nota, sino que la acompañan muchas otras notas «secundarias» que resuenan por simpatía en menor intensidad. Estas notas son las que conocemos como armónicos, y su intensidad y combinación hace que un instrumento suene diferente de otro.

■ El concepto de timbre explicado así a bote pronto es algo complejo de comprender, pero a ello nos puede ayudar **Spectrogram** (Android, iOS), una aplicación que nos desglosa los armónicos (esas notas «secundarias» que suenan siempre con cada nota) de los sonidos que recoge el micrófono. Aquí podríamos ver rápidamente cómo cambian los armónicos al sonar un instrumento u otro.

Más de uno se preguntará qué tiene que ver todo esto con el canto. Pues bien, un cantante de pop suena diferente a un cantante de jazz, uno de rock o uno lírico no solo por su técnica, sino también por los armónicos que acompañan a cada una de sus notas. Practicar con esta aplicación puede ayudarte a definir el timbre que deseas, potenciando unos armónicos u otros.

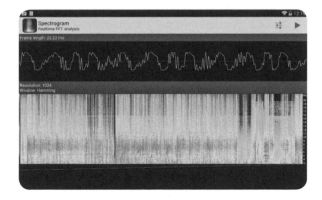

Si lo que quieres es sencillamente cantar tus canciones preferidas con bases instrumentales también existen diferentes opciones. Puedes leer el apartado destinado a «Apps para hacer *covers*» para encontrar más.

■ **Sing! Karaoke by Smule** (Android, iOS): es posiblemente la más conocida, ya que es gratuita y ha creado toda una comunidad de cantantes con los que puedes compartir tus audios o vídeos cantando, pero también puedes formar duetos y grupos con ellos o con tus cantantes favoritos. Algunos duetos de esta misma aplicación han permitido a más de un desconocido sorprender al mundo con su voz y lograr un contrato con un sello discográfico, como es el caso de Tom Bleasby.

 Consejo 8: Hábitos de higiene vocal

La higiene vocal se refiere al cuidado de la voz, y no ha de confundirse con la higiene bucal, que se refiere al de la boca. Tanto si eres cantante profesional como aficionado es recomendable que tengas una buena higiene vocal. Haciendo un buen uso de tu voz y cuidando tu garganta prevendrás trastornos como la disfonía o la afonía.

Para ello los expertos recomiendan adquirir hábitos como calentar cada vez que vayamos a hacer un uso intenso de la voz (Voice Builder), no fumar (QuitNow!), cuidar la postura (Perfect Posture) y beber agua con frecuencia (Plant Nanny).

Aprende a tocar instrumentos de cuerda frotada

Los instrumentos de cuerda frotada son admirados por músicos y no músicos. Todos nos preguntamos cómo pueden coger el instrumento con esas posturas tan incómodas y encima hacerlo sonar afinado y bonito, además de llegar a dominarlo con ese gran virtuosismo asombroso que alcanzó a desarrollar el caprichoso Paganini, entre otros.

No solo asombra ver cómo «clavan» el sitio exacto en el que se encuentran las notas, también la coordinación con el arco. Pero quede dicho que en música el único secreto es la práctica y muchas, muchas horas de estudio. Pero que esto no le asuste a nadie, se puede comenzar a tocar instrumentos de cuerda, o al menos hacer las primeras pruebas, ayudándonos de aplicaciones.

■ Para comenzar a visualizar las notas en el violín tenemos la colección **Violin Notes**, **Violin Notes Finder Violin Notes** de BrainMelody (Android, iOS) o **Violin** (Android), aplicaciones que nos resolverán el gran misterio de dónde se encuentra cada nota en el violín y nos permitirán practicar para que cuando tengamos uno en nuestras manos vayamos directos al sitio.

■ Si ya tienes el instrumento y estás comenzando a aprender las notas en el pentagrama, **String Quartet sight read** (iOS y Android) es la mejor opción, ya que nos permite aprender a leer las notas musicales y su posición en el instrumento, tanto en el violín como en la viola, el violonchelo y el contrabajo. Lo mejor de esta aplicación es que nos permite reconocer las notas pulsando sobre la pantalla del dispositivo, pero también tocándolas con el instrumento a través del micrófono. Además, si eres profesor y quieres utilizarla con tus alumnos, puedes elegir qué notas deseas practicar, qué cuerdas y qué posiciones. También cuenta con afinador y ejercicios para realizar entrenamiento auditivo. Vamos, ¡que es sencillamente perfecta!

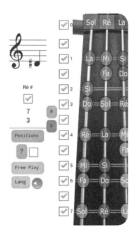

Si la lectura de notas de manera independiente la tienes clara, seguramente estás en el momento en que tienes que desarrollar una buena agilidad de lectura en horizontal (con varias notas seguidas). Esto se consigue tocando muchas partituras y muy variadas. Por ello, los profesores de cualquier instrumento hacemos mucho hincapié en practicar lo que se conoce como «primera vista».

Tocar bien a primera vista implica tener una buena agilidad de lectura, de manera que si nos dan una partitura que no conocemos podamos defenderla sin haber tenido que estudiarla sesudamente en casa.

Una buena lectura a primera vista es fundamental en los instrumentistas que van a tocar en una orquesta, ya que, aunque el gran público generalmente no lo sabe, es más común de lo que parece el cambio a última hora de repertorio, ¡o incluso el montar conciertos en apenas unos días!

■ Para practicar la lectura a primera vista es muy recomendable la aplicación **Bowing challenge** (iOS), una aplicación que genera partituras aleatorias para violín, viola, violonchelo y contrabajo, permitiendo desarrollar la agilidad de lectura. En esta aplicación el usuario tiene también una variedad de opciones para configurar los ejercicios que se van a generar, controlando desde la duración hasta la dificultad (por ejemplo, si lo queremos para tocar sobre 2, 3 o las 4 cuerdas). Asimismo, los ejercicios pueden verse en la pantalla o imprimirse en cualquier impresora compatible con AirPrint. Esta aplicación es adecuada para todos los artistas, desde principiantes hasta los más avanzados.

- La serie de aplicaciones **PlayAlong** de AtPlayMusic tienen diversas utilidades específicas para multitud de instrumentos, entre los que se encuentran los de cuerda. Permiten tocar partituras con el instrumento y obtener *feedback* de si lo estamos haciendo bien o no, ya que existe la detección por el micrófono.

Si ya no estás iniciándote en la lectura, seguramente estés en un punto en el que tu necesidad sea mejorar o perfeccionar tus destrezas mediante ejercicios técnicos. También hay aplicaciones para ello:

- **Learn & Practice Violin Music Lessons Exercises** (Android, iOS) es una opción completísima. Con esta aplicación podrás practicar las rutinas necesarias para mejorar la técnica con el instrumento. La interfaz está pensada para resultar de máxima ayuda, ya que divide la pantalla en dos secciones: en la parte superior vemos la partitura animada (que va avanzando conforme tocas), mientras que en la inferior se nos muestra una animación de las cuerdas con la posición en el diapasón de cada nota por la que pasamos. Incluye ejercicios técnicos como escalas, arpegios y acompañamientos rítmicos (¡hay un total de 70 ejercicios!). Además, podemos escuchar el ejercicio mientras tocamos o simplemente activar el metrónomo para que nos ayude a mantener el pulso. Por supuesto, los diferentes ejercicios vienen secuenciados por niveles, abarcando desde el nivel principiante hasta el más avanzado. Por último, tanto si eres profesor como si eres alumno, estoy convencido de que te vendrá genial la opción que da la aplicación de crear rutinas a tu medida, es decir, crear listas de ejercicios combinándolos como quieras (por ejemplo, puedes crear una lista para cada día de la semana). ¡Que el estudio rutinario nunca más sea una rutina!

- **Scales Practice** (Android): esta aplicación está pensada para practicar las escalas, pero permitiendo transponerlas y utilizar diferentes claves. Asimismo, permite guardar listas de reproducción de las escalas que queremos practicar, o seleccionar una escala al azar, ideal si deseamos examinar a nuestros alumnos.

▓ **Fiddle Companion** (Android, iOS): esta aplicación sirve para aprender escalas y acordes, así como las distintas posiciones en que podemos tocarlos en los instrumentos de cuerda. Viene con una variedad de herramientas útiles, como metrónomo y afinador.

▓ **Violin Multi-Tuner** (iOS): este afinador dispone de varias opciones, como la de afinar las cuerdas en combinaciones diferentes a las estándar, o realizar ejercicios de lectura y de educación auditiva, así como practicar los diferentes tipos de escalas, desde las mayores y menores hasta los modos musicales griegos. Todo ello con la posibilidad de cambiar la velocidad y practicar con metrónomo.

Pero a todo músico, más que la técnica (aunque es necesaria) lo que más le gusta es tocar esas obras que le hacen volar, soñar, evadirse, cerrar los ojos e imaginarse llenando de música todo un auditorio ante un público entregado y emocionado; tal y como soñaba yo de niño y os comentaba en el primer capítulo, ¿recordáis?

▓ La estrella para esto se la lleva una app fantásticamente genial, impresionante, mágica (no tengo palabras). Su nombre es **Cadenza** (iOS) y su lema es «La app que te sigue mientras tocas», y es esto lo que la hace tan especial. Realmente la calificaría como una aplicación para músicos profesionales o de un nivel bastante elevado. Esta aplicación es la evolución de Music Plus One, un programa desarrollado en 2010 que ofrecía un acompañamiento orquestal con *feedback* inmediato. Así pues, Cadenza ofrece lo mismo pero desde tu móvil; eso es, te ofrece una orquesta que te sigue mientras tocas. El repertorio que incluye es para varios instrumentos (también de viento), y consta de obras de concierto para solista junto con orquesta. Lo genial de esta aplicación es que puedes practicar sin tener que hacer interpretaciones robóticas por mantener el pulso (como haríamos, por ejemplo, con una versión karaoke o MIDI de la obra). Puedes desatar tu musicalidad, hacer rubatos (acelerar o desacelerar ligeramente el tempo), resoluciones con musicalidad... Y todo con el sonido de una orquesta completa siguiéndote en cada momento. Además, al estar pensada como una herramienta de estudio, permite especificar secciones concretas de la partitura y repetirlas en bucle para trabajarlas en profundidad. Si vuestro sueño es ser solistas junto a una orquesta, esta app puede ser un gran comienzo.

Si le has cogido el gusto a esto de tocar junto con orquesta y los ejercicios de técnica de escalas se te hacen aburridos, me gustaría recomendarte **ScaleTracks** (iOS), una aplicación que te permitirá tocar las escalas y los arpegios con un acompañamiento instrumental realmente espectacular. Sentirás que tocar las escalas es como si estuvieras tocando en un grupo de pop, con un cuarteto de cuerda o incluso como solista de una orquesta sinfónica.

 Consejo 9: La cámara como espejo

Tengo entendido que la posición de la mano así como de los brazos y el arco son aspectos delicadísimos en los comienzos del estudio de los instrumentos de cuerda frotada. La aplicación de la cámara puede ser el mejor aliado para que examinemos en todas nuestras sesiones de ensayo si nuestra posición es la correcta, además de poder detectar más fácilmente qué posiciones nos producen más tensiones musculares y nos afectan técnicamente al tocar con el instrumento.

Aprende a tocar instrumentos de viento

Las charangas (o fanfarrias) son agrupaciones tradicionales de mi tierra, Valencia (España). Suelen estar compuestas por unos diez músicos, aficionados o profesionales, que amenizan las fiestas de los pueblos y los pasacalles con instrumentos de viento y percusión.

La música que hacen es realmente idónea para la ocasión. Transmiten el espíritu festivo de la celebración ¡e invitan a bailar hasta a los árboles!

Una agrupación más extendida y con gran tradición en la Comunidad Valenciana es la de las bandas, que han sido el principal motor de educación musical en los últimos cien años y la causa por la que en esta zona haya una gran afición por la música.

Tal es la tradición que existe por los instrumentos de banda, que hay quien dice que en todas las orquestas del mundo hay un valenciano. Cierto o no, lo que sí sucede es que actualmente muchos instrumentistas de viento que comenzaron en la banda de su pueblo han alcanzado niveles altísimos de virtuosismo y gozan de gran prestigio internacional.

Uno de los aspectos más admirables de las bandas es que consiguen juntar a una centena (o más) de músicos de todos los niveles y disfrutar de interpretar música conjuntamente. Cuando era estudiante recuerdo el buen ambiente que había entre los músicos de la banda. Fue entonces cuando decidí comenzar con la flauta travesera, aunque después por desgracia nunca llegué a apuntarme a la banda.

Por esto, sin duda alguna puedo afirmar que los auténticos instrumentos reyes, al menos en esta parte del Mediterráneo, son sin duda alguna los de viento.

Pero no nos quedemos en lo banal de la fiesta. Todos los grandes compositores han dado protagonismo a los vientos, convirtiéndolos en responsables de algunos de los momentos más bellos, trágicos, dramáticos, dulces e inocentes de las más grandes obras maestras orquestales. Y qué decir de su papel imprescindible en las bandas sonoras, si no, que pregunten a Hans Zimmer o John Williams.

Bien, pues lo curioso de estos instrumentos es que tanto los de viento metal como los de viento madera esconden todo un mundo en su técnica de boquilla, ya que, aunque parece una obviedad, es ahí donde se genera el sonido y donde más atención deben poner.

La calidad del sonido de un instrumento de viento vendrá, en un porcentaje muy alto, determinada por la técnica del instrumentista en la embocadura, teniendo que cuidar desde la vibración de los labios hasta la correcta emisión de la columna de aire que nace en la presión del diafragma y pasa a través de los labios por la embocadura, recorriendo el instrumento y llegando hasta nuestros oídos.

Posiblemente hayas escuchado más de una vez que los instrumentistas de viento se pasan horas trabajando la emisión de notas largas. Obviamente el problema no lo tienen con la nota en sí, sino con la embocadura y la respiración, ya que ambas intervienen directamente en una buena afinación.

■ Para trabajar este aspecto es muy recomendable la aplicación **Tonal Energy** (Android, iOS). En realidad esta aplicación es un metrónomo/afinador como el que podemos encontrar en las tiendas de música, o en la misma tienda de aplicaciones, pero con algunas prestaciones que lo hace especialmente interesante para los instrumentistas de viento:

▸ *Afinador*: un afinador normal, pero que podemos configurar para instrumentos transpositores, de manera que la aplicación nos muestra las notas en las que nosotros pensamos, y no las que recogería un afinador convencional si el instrumento estuviese en do.

▸ *Sintetizador de sonidos con rueda cromática*: esta opción permite que la aplicación nos dé una referencia sonora de la nota que queremos trabajar, para tener un referente a la hora de afinar. Lo mejor es que podemos elegir qué timbre sonoro queremos que sintetice y también si deseamos que haga vibrato o no. Es decir, si tocas la trompa y quieres emitir un Do, puedes hacer que la aplicación emita ese mismo sonido con el sonido de una trompa, para que al tocarla busques mentalmente ese sonido de una forma mucho más clara y concreta. Además, en esta ocasión también podemos indicarle si nuestro instrumento es transpositor o no.

▶ *Análisis sonoro*: en este apartado encontramos la pantalla dividida en dos secciones. En la inferior vemos la forma de las ondas de intensidad de lo que tocamos en tiempo real, mientras que en la parte superior encontramos un análisis de frecuencias, algo fundamental para que sepamos si los armónicos que emitimos son los ideales para un timbre realmente bueno y bello.

▶ *Grabadora*: con esta opción podemos registrar nuestras interpretaciones e ir viendo en tiempo real el análisis de nuestro sonido, además de utilizar un metrónomo completamente personalizable en sonido, ajustes de tempo, patrones de subdivisión y pulsación visual o audiovisual.

La función del sintetizador de sonidos está muy ligada a una idea que muchos pedagogos musicales definen como **imaginación sonora**. Esto se refiere al momento en que el músico debe imaginar el sonido antes de producirlo, de manera que siempre haya un objetivo claro en su interpretación.

La imaginación sonora, la intención al tocar, es algo que debe trabajarse desde los comienzos. No se puede estudiar emitiendo las notas al azar. El alumno debe tener siempre en mente un objetivo sonoro y utilizar sus recursos técnicos para llegar a conseguir ese resultado. Sin esa imaginación previa, el estudio puede convertirse en un sinsentido.

Por lo tanto, esta opción es genial para desarrollar la imaginación sonora, permitiéndonos sintetizar la emisión de sonidos de pícolo, flauta, oboe, fagot, trompa, trombón tenor y bajo, eufonio, tuba, clarinete, clarinete bajo, saxo soprano, alto, tenor y barítono, trompeta, órgano y cuerdas.

Pero el sonido no es realmente la única dificultad en los instrumentos de viento. Conforme avanzas en nivel descubres que esas pequeñas piezas que al presionarlas modifican la altura del sonido (se conocen como llaves en los instrumentos de viento madera y como válvulas o pistones en los de metal) tienen un sinfín de combinaciones que permiten tocar diferentes notas dependiendo de la ocasión. Estas distintas posiciones de los dedos se llaman **digitaciones**.

Para aprenderlas hay aplicaciones que también nos pueden servir de ayuda:

■ **Create Your Fingering Chart** (Android): esta aplicación permite guardar las diferentes digitaciones de nuestro instrumento directamente en el móvil, además de integrar las características de esa posición, es decir, el nombre de la nota, su tesitura y otros datos importantes como el registro, si modifica la afinación, etc. Podemos almacenar hasta 20 posiciones, y está disponible para las digitaciones de fagot, oboe, flauta, saxo y clarinete. Esta misma empresa también creó **Simple Reeds** (Android), una aplicación para que los clarinetistas y saxofonistas aprendan a reparar sus cañas en función de los problemas que detecten (demasiado blanda, demasiado dura, problema en los agudos...).

■ La colección de juegos de NinGenius (iOS), concretamente el **Games 4 Kids**, nos permite que por medio de diferentes juegos aprendamos las notas y su digitación en los distintos instrumentos de viento, cuerda y tecla. El juego premia tu progreso y te sube de nivel conforme aumentas la velocidad y la precisión. Además permite hacer batallas de hasta tres jugadores desde el mismo dispositivo. Puedes aprender las digitaciones de instrumentos de viento madera (flauta, clarinete, oboe, fagot, saxofón y flauta dulce), de viento metal (trompeta, trompa, trombón, eufonio y tuba), de cuerda (violín, viola, violonchelo, bajo y guitarra) y del piano. También cuenta con varios modos de juego, como el de estudio, en el que se presentan las pruebas sin tiempo límite, o el de prueba, en el que tienes que esforzar al máximo tu agilidad y rapidez.

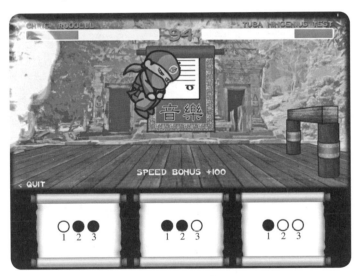

Si eres adulto y simplemente quieres tener a tu disposición una base de datos con las digitaciones de los instrumentos, **Fingering Woodwings** (iOS) o la colección de aplicaciones para Android de **AndroidAddict** pueden ser tu solución.

Consejo 10: Entrena tus pulmones

Los instrumentos de viento requieren una gran capacidad pulmonar y un control de la respiración total. Para adquirir estas destrezas es necesaria la práctica. Aplicaciones como Breathe+ (iOS), Pranayama (Android, iOS), Paced Breathing (Android) o Respiración de paranaiama (Android) ofrecen diferentes ejercicios y planes de entrenamiento para mejorar la capacidad pulmonar progresivamente, además de permitirnos monitorizar nuestra evolución con el paso del tiempo.

Aprende a tocar instrumentos de percusión

Cuando he hablado de los instrumentos de viento comentaba el carácter festivo que despertaban las charangas. Hay quizás algo que lo iguale: una buena batucada, ese estilo tan característico de la música afrobrasileña que se sirve exclusivamente de instrumentos de percusión y que muchos consideran una derivación de la samba. Nadie, absolutamente nadie puede resistirse ante el carácter festivo que transmiten esos ritmos caribeños.

Los orígenes de las batucadas se remontan a los antiguos rituales del continente africano, donde todos los miembros de un poblado se reunían en torno a tambores para danzar en ceremonias religiosas y populares. Con los años, estas tradiciones se extendieron a otros países con raíces culturales africanas, como Brasil, país donde este estilo se popularizó hasta convertirse en un emblema de su cultura.

En realidad casi todas, por no decir todas, las culturas tienen como instrumentos más primitivos la voz y la percusión, por lo que podemos afirmar que la percusión nos ha acompañado desde los orígenes de nuestra existencia.

Sin embargo, la familia de la percusión no comenzó a desarrollarse y a incluirse en la orquesta hasta el siglo xv. Desde entonces no ha hecho más que evolucionar y aumentar en número y clasificación. Podemos encontrar instrumentos de percusión de afinación determinada (aquellos que suenan afinados y al tocarlos emiten una nota concreta, como es el caso del xilófono o la marimba) o de afinación indeterminada (aquellos que al percutirlos no emiten notas concretas, como puede ser una caja china o un pandero).

Lo curioso es que los percusionistas deben aprender a tocar, y de forma más que solvente, cualquiera de todos estos instrumentos. ¡Y el resto de músicos pensando que ya tenemos suficiente con uno!

No obstante, lo que caracteriza al buen percusionista no es solamente su versatilidad, sino también su buena lectura y sentido del ritmo, además de la coordinación motriz. Por esto, en esta sección quisiera recomendar aplicaciones para trabajar estos parámetros.

■ Si estás iniciándote en la lectura rítmica tengo que recomendarte **Métrica Musical** (iOS), una aplicación que utiliza la gamificación de la que hablábamos en capítulos anteriores para aprender a leer ritmos musicales. Esta aplicación es altamente recomendable para percusionistas, pero también para otros instrumentistas que dependen de una coordinación e independencia total de ambas manos, como es el caso de los pianistas, ya que en esta aplicación se introduce desde los primeros niveles el entrenamiento rítmico para las dos manos simultáneamente. Asimismo, los ejercicios presentados son muy graduales y están muy bien secuenciados. Por otro lado, al ser táctil, han introducido un parámetro importantísimo para los músicos, y a menudo olvidado: la duración. Algunos de mis alumnos de piano ignoran la duración sonora de las notas largas. Pulsan la tecla y se van alegres y campantes a la siguiente tecla, sin caer en que la nota que acaban de abandonar es, por ejemplo, una redonda que debería estar sonando por cuatro tiempos (cuatro pulsaciones). Con esta aplicación se toma en seguida conciencia de la importancia de mantener el dedo sobre el instrumento exactamente el tiempo que la figura requiere. ¡Es genial! Pero si esto te ha parecido muy técnico, no te asustes, la aplicación está pensada para la práctica desde el nivel más inicial, ya que incluye representaciones visuales y ejemplos animados que permiten ver y oír qué quiere decir y cómo se interpreta cada símbolo musical.

Hablando de símbolos musicales, si te estás iniciando en la batería y has buscado partituras, habrás visto que se escriben con una notación especial.

▪ Si quieres aprender a leerlas, o sabes tocar la batería pero desconoces cómo transcribir esos ritmos a partitura te recomiendo que visites **Groove Scribe** (web), un recurso desarrollado por Mike Johnston en su página web personal.

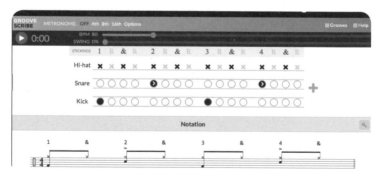

Si por el contrario tienes ya un nivel más alto y quieres perfeccionar tu sentido del ritmo, te recomiendo las siguientes aplicaciones:

▪ **Rhythm Training** (iOS): es la opción ideal para realizar un entrenamiento rítmico gradual, tanto si aún estudias como si eres un músico profesional y quieres mejorar tu competencia rítmica. Esta aplicación presenta diferentes ejercicios que además son personalizables (puedes escribir los ejercicios tú mismo) y ofrece un *feedback* detalladísimo sobre la exactitud con la que has ejecutado el ejercicio, además de generar gráficas con tus progresos para que las exportes y puedas llevar a cabo un análisis en profundidad. Una alternativa similar y que permite hacer ritmos con ambas manos (algo que la anterior no permite) es **Maestro de Ritmo** o **Ritmo y solfeo**, ambas para Android.

▪ Si prefieres que la aplicación funcione un poco más a modo de profesor, **Rhythm Trainer** (Android) es una buena opción, y si deseas una para tus alumnos más pequeños sin duda te recomiendo **Rhythm Swing** (iOS), una fusión de todas las anteriores pero hecha videojuego y con unos gráficos deslumbrantes, ideal para los más pequeños.

▪ Para los percusionistas con un nivel más alto (aunque también es útil para los de menor nivel) no puedo dejar de nombrar **Rhythm Calculator** (iOS), y es que para mí es la joya de la corona en esta sección. Esta aplicación permite escribir y escuchar al instante un patrón rítmico en bucle. En su pantalla visualizaremos una especie de calculadora que, en vez de números, presenta figuras musicales (garrapatea, semifusa, fusa, semicorchea, corchea, negra, blanca, redonda y cuadrada). Estas figuras las podemos anotar en la calculadora a nuestro antojo para después escuchar el ritmo que forman con total precisión. Igualmente, la aplicación permite visualizar un marcador que pasa por las figuras mientras se reproduce el ritmo, así como configurar el metrónomo para bajar el tempo y poder estudiarlo con la máxima precisión. Por último nos permite guardar los patrones rítmicos que hayamos escrito para retomar su escucha en la próxima sesión de estudio.

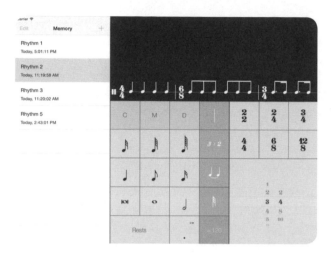

▪ **iRhythmic** (iOS): un metrónomo que es mucho más que eso. Obviamente tiene las funciones propias de un metrónomo, aunque sus creadores dicen que han invertido un gran esfuerzo en que el suyo sea el más exacto incluso a velocidades muy rápidas. Sin embargo, la precisión no es la característica que a mí más me fascina, sino su opción de crear patrones rítmicos secuenciados, es decir, uno detrás de otro. Esto quiere decir que podemos escribir un patrón rítmico, y a continuación otro, y a continuación otro más (hasta donde queramos), y que suenen uno después del otro, tal y como tenemos en nuestra partitura. Esto es perfecto para practicar la rítmica de las obras que estamos estudiando, pues, sin tener que detener el metrónomo, aprenderemos el ritmo de nuestra partitura con precisión desde el primer momento. Y si aún esto fuera poco, tiene una opción que ya la hace explosiva: permite reproducir nuestros patrones rítmicos en bucle y que el metrónomo automáticamente vaya incrementando las bpm (*beats* –pulsaciones– por minuto) en cada repetición, es decir, que progresivamente nos ayude a tocar más rápido. ¿Os confieso algo? Esta es precisamente la base de mi sistema de estudio: comienzo estudiando las partituras a una velocidad ridículamente lenta, siempre por fragmentos breves para no perder detalle, y conforme aumenta mi seguridad voy incrementando gradualmente la velocidad hasta el máximo requerido.

■ Otro metrónomo muy, pero que muy recomendable, especialmente para los músicos que tocan en un conjunto, es **Bluetooth Metronome** (iOS), un metrónomo que se sincroniza con los dispositivos que tiene alrededor, si tenemos la aplicación instalada en otros dispositivos. Lamentablemente, de momento solo está disponible para iOS (esperemos que pronto la hagan también para Android). Presenta una ventaja más que evidente: permite que todos los músicos vayan al mismo tiempo en momentos en los que no se puedan escuchar o ver. De esta manera se pueden hacer interpretaciones mucho más exactas, ya que funciona a modo de claqueta, haciendo que todos los músicos vean o escuchen la pulsación al mismo tiempo.

■ ¿Ni con estas aplicaciones te ves capaz de controlar tu tempo? Entonces deja que **LiveBPM** (Android, iOS) te ayude primero a tomar conciencia de él. Esta aplicación es lo que yo llamaría un «metrónomo invertido», y es que funciona a la inversa del metrónomo tradicional. Generalmente, somos nosotros, los músicos, los que escuchamos el metrónomo y acatamos órdenes. ¿Y por qué no hacer que el metrónomo nos escuche y nos indique a qué tempo estamos tocando? Esta aplicación es idónea para los músicos que tienen que controlar el tempo en un directo y no pueden estar con auriculares escuchando el metrónomo, o aquellos que tocan instrumentos extremamente sonoros y cualquier metrónomo sonoro es inútil, como es el caso de los percusionistas. También resulta recomendable para aquellos que ya han hecho todo el proceso de estudio metódico y quieren tocar de manera «libre» la obra, pero sin que la libertad se convierta en una completa anarquía en la pulsación. Su uso es tan sencillo como situar el móvil en el atril, abrir la aplicación e interpretar la partitura. LiveBPM escuchará los tiempos fuertes a través del micrófono y te indicará qué tempo estás llevando. Hay que decir que no siempre es exacta, y que depende fundamentalmente de lo claro que se marquen los tiempos fuertes en la partitura que toquemos, pero para percusionistas que interpretan partituras rítmicamente claras es, sin duda alguna, el aliado perfecto.

■ Por último si quieres que tus habilidades como percusionista te sirvan para grabar tus propios temas en varias pistas, pero no tienes una batería electrónica o un teclado MIDI para sintetizar diferentes timbres, **Impaktor** es la aplicación con la que disfrutarás como un niño. Consiste en un sintetizador que transforma los ritmos que hagas sobre cualquier superficie en ritmos interpretados por diferentes instrumentos de percusión. Su funcionamiento es sencillísimo:

1. Golpeas sobre cualquier superficie (por ejemplo, el escritorio) como si fuera un tambor.
2. Los impulsos son recogidos por el micrófono del móvil.
3. La aplicación transforma el sonido del escritorio en el sonido que tú desees: batería, caja, djembe, marimba, platillos, barras de metal o incluso sonidos electrónicos.

Además, la aplicación cuenta con grabadora, de manera que puedes grabar hasta 6 pistas, una sobre la otra, creando auténticas bases instrumentales con distintos instrumentos de percusión sonando. ¡Ya puedes hacer tus batucadas!

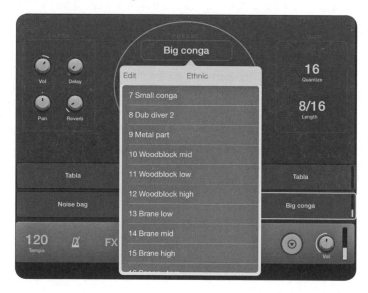

Consejo 11: Contar los tiempos mentalmente

Un consejo que suelen dar los percusionistas a la hora de resolver patrones rítmicos es que se debe contar los tiempos del compás mentalmente. Es decir, si estamos realizando un ritmo que está en un compás de 4x4 (cuatro tiempos), deberemos pensar 1, 2, 3 y 4 mientras ejecutamos el ritmo. Al principio puede resultar complicado, por eso os recomiendo que comencéis a practicarlo con **metrónomos vocales**. Estos lo que hacen es, en vez de utilizar un pitido para marcarnos la pulsación, emiten una voz humana diciendo en voz alta los tiempos, como acostumbran a hacer muchos profesores. Voice Metronome (Android, iOS), BeatSpeak o SpeakBeat (iOS) son buenas opciones. Asegúrate de que el que elijas tenga el idioma español, a no ser que no te importe escuchar los números en inglés.

3

APPS PARA COMPLEMENTAR LOS ESTUDIOS REGLADOS

En el primer bloque os di a conocer un poco de mi infancia, que transcurrió en una escuela de música. Más tarde pasé al conservatorio, el centro donde se estudia el Grado en Enseñanzas Profesionales, el primer nivel de estudios reglados (estudios contemplados por la ley) en el que se obtiene un título oficial con validez para ejercer como profesor elemental.

Mi entrada a estas enseñanzas coincidió con la adolescencia, y este suele ser el caso de la gran mayoría de estudiantes que acceden al Conservatorio de Enseñanzas Profesionales.

La adolescencia es una etapa complicada. Si estás en este período seguro que estás cansado de escuchar a los adultos decirlo, pero tranquilo, ¡se pasa con los años!

En esta etapa empezamos a desarrollar el pensamiento abstracto, nos planteamos por primera vez qué es lo moral y qué lo inmoral, comenzamos a conocernos por dentro y por fuera, y nos damos cuenta de que somos miembros de una sociedad bastante compleja.

Empezamos a escuchar con atención temas serios como la política, la educación o la filosofía y nos damos cuenta de que las cosas no son tan fáciles como pensábamos de niños. Nos hacemos mayores.

Sin embargo, aunque crecemos y en esta etapa intentamos parecer fuertes, también es la edad en la que adquirimos más sentido del ridículo, nos comparamos constantemente con los demás y tememos que nuestro grupo de amigos nos marginen por ser diferentes. Por eso necesitamos más que nunca sentirnos seguros de nosotros mismos. Afortunadamente, estudiar música en esta etapa puede resultarte de gran ayuda.

Recuerdo mi adolescencia con cariño. En aquella época tenía, como todos, mis inseguridades. No me valoraba lo suficiente y encima, como buen artista, mi tendencia natural era juntarme con los jóvenes que leían, desarrollaban inquietudes artísticas, eran buenos estudiantes y tenían mucha sensibilidad. Vamos, los raros.

Una vez al año celebrábamos conciertos en el colegio, donde «los músicos solidarios» (así se les llamaba, dado que era un concierto con inquietudes sociales) tocaban frente a todos los alumnos, curso por curso. Siempre me apuntaba para tocar el piano. Sabía que muchos de los malotes que alguna vez se habían metido conmigo eran completamente conscientes de que lo que estaba haciendo en esos conciertos no era fácil.

Despojarse de todos los miedos, exponerse ante todo el colegio, hacer algo tan habilidoso como es tocar un instrumento y emocionar a la gente... les sorprendía, y con razón. Y eso me encantaba, me liberaba y me hacía fuerte.

Además de desarrollar la seguridad y confianza en uno mismo, ser músicos nos permite conocernos interiormente, al expresarnos en un lenguaje que sale directo desde nuestros sentimientos más íntimos. También nos acerca al arte y nos hace desarrollar un sentido crítico con la sociedad que nos rodea. A los músicos (y otros artistas que empiezan su formación desde jóvenes) no nos sirve consumir cualquier arte, y desde muy pequeños aprendemos a distinguir qué es calidad y qué no.

Por tanto, una educación de calidad en el conservatorio es fundamental para establecer una base musical sólida, además de reforzar esta seguridad de la que hablo. Tanto el profesor como el alumno, como un equipo, deberán hacer todo lo que esté en sus manos para que ese progreso sea eficaz y evidente. ¿Revisamos algunas aplicaciones que pueden ayudarte?

Mejora la lectura, la entonación, el oído y el sentido del ritmo

Si ya estás en el conservatorio y para empezar crees que tu nivel de lectura no es bueno, te fallan los dictados o te pones a temblar cada vez que ves semicorcheas y fusas, te diré algo: tranquilo, porque tiene solución. La solución, como en todo, pasa por la práctica.

Para practicar la primera vista lo mejor es tocar muchas partituras y muy variadas. Tocar una al día sería el modo ideal de conseguir una agilidad de lectura envidiable, sin embargo, a veces nos puede resultar complicado encontrar partituras suficientes para tantos días.

▪ Si este es tu caso, posiblemente te interese la aplicación **Sight Reading Machine** (iOS) o la plataforma **Sight Reading Factory** (Android, iOS, web). Ambos recursos son generadores de primeras vistas que nos permiten personalizar absolutamente todo, desde el instrumento con el que queremos tocar la partitura, hasta el número de compases, el tiempo que nos permite verla antes de tocarla, el tempo, el nivel o las figuras que queremos que salgan. Lamentablemente, son de pago, pero la segunda permite generar unas pocas de manera gratuita. Puedes comentarle a tu profesor la opción de probarla y valorar conjuntamente si vale la pena pagar.

▪ Otra aplicación muy recomendable es **Sight Singing** (Android, iOS), que nos permite practicar la primera vista entonando en voz alta, perfecta para la clase de lenguaje musical. En la pantalla aparece la partitura que debemos cantar y el micrófono escuchará en cada momento si nuestra entonación se corresponde a las notas de la partitura, indicándonos también en qué notas no hemos entonado bien. Asimismo, podemos personalizar el tiempo al que vamos a cantarlas, seleccionar la clave que queremos practicar o grabar el ejercicio para comprobar después si nuestra entonación es la correcta. Tiene también una versión de pago en la que podemos encontrar los ejercicios secuenciados por nivel (introductorio, fácil, moderado, difícil), establecer la clave, el compás o el número de compases, y todo esto desde el móvil.

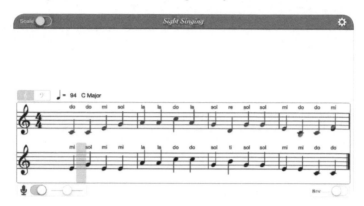

◼ Si tu punto débil no es la lectura sino los dictados, hay aplicaciones que permiten desarrollar tu oído. **EarMaster** (Android, iOS) es una de ellas, y posiblemente la más conocida. Contiene más de 2.000 ejercicios de entrenamiento auditivo y canto a primera vista. Es una aplicación completísima, en la que se trabaja con melodías diferentes, escalas, acordes, intervalos, progresiones de acordes y ritmos, no solo de música clásica, sino también de jazz. Y por supuesto, como aplicación bien completa que es, también ofrece estadísticas detalladas de nuestros resultados para que supervisemos nuestro progreso.

◼ En el primer capítulo os hablé de la página MusicTheory.com. Los miembros de este sitio web han creado la aplicación **Tenuto** (iOS), que presenta diversos ejercicios personalizables diseñados para desarrollar el oído musical. Desde reconocer los acordes en un teclado hasta identificar los intervalos, Tenuto también incluye las calculadoras musicales que comentábamos al hablar de la página web MusicTheory.com para calcular las alteraciones de las tonalidades, la distancia entre intervalos, el análisis de acordes, etc.

▓ Por último, me gustaría recomendarte **Monk** (Android, iOS), una aplicación algo más compleja y en inglés, pero muy completa, que ayuda a comprender la estructura interna de las diferentes escalas y acordes. Permite ajustar la transposición, las escalas e incluso las inversiones de los acordes.

De todas formas, te invito a que indagues, porque el entrenamiento auditivo es posiblemente el campo en el que más aplicaciones han aparecido en los últimos años, y todas son bastante similares y pueden ayudarte a mejorar tu oído relativo o absoluto considerablemente.

Para mejorar tu competencia rítmica echa un vistazo a las aplicaciones que recomiendo en el apartado destinado a los instrumentos de percusión.

 Consejo 12: Saca el Elton John que llevas dentro

Para desarrollar el oído musical, la entonación y la primera vista la mejor solución pasa por practicar mucho. Una forma de hacerlo más divertido es siguiendo estos pasos:

1. Busca una canción que te guste y prueba a transcribir su melodía en un papel pautado. Escribe las notas, pero también la tonalidad, el compás y el ritmo. De esta manera practicarás el dictado.

2. Una vez tengas la partitura, trata de entonarla solfeándola, llevando el compás y sin ayudarte de ningún instrumento. Así trabajarás la entonación.

3. Finalmente, busca la partitura en Internet, corrige tu dictado y tócalo a poder ser con acompañamiento al piano. Hazlo de principio a fin sin haber estudiado antes la partitura y sin detenerte cuando falles, con ello practicarás la primera vista.

Aumenta tu productividad en el estudio del instrumento

La productividad es un tema que apasiona a muchos y aborrece a otros, pero que por suerte o por desgracia nos afecta a todos, aunque sea un término que asociemos más al ámbito de la economía.

Y es que todos tenemos cosas que hacer, con una complejidad concreta y con un plazo de tiempo definido. Nuestra capacidad para abordar esas tareas en el tiempo establecido con mayor o menor calidad determinará nuestra productividad como estudiantes y, por tanto, como músicos.

Los estudiantes de música por lo general pasamos gran parte de nuestra vida compaginando la formación musical (el conservatorio) con otro tipo de estudios, como el instituto, la universidad o el posgrado. Pero no penséis que esto va a cambiar, los adultos que ya han acabado su formación musical tienen que compaginar su estudio con la familia y el trabajo (sí, los músicos nunca dejamos de estudiar). Por ello es fundamental que desarrolles un sentido responsable de la **planificación** desde los comienzos de tu formación musical.

El estudio del instrumento requiere muchas horas, pero no tiene por qué ser de golpe. Esto es algo que suena muy fácil de decir, pero que a todos nos cuesta interiorizar (a mí el primero). A los músicos –como a muchos otros– nos encantan los atracones de última hora, y las horas de estudio se nos amontonan cuando se aproximan los exámenes o las audiciones. Esto generalmente desencadena dolores y lesiones de todo tipo. Si esta situación te resulta familiar, tu móvil puede ser una buena herramienta para dosificar el tiempo de estudio semanalmente y evitar atracones de última hora.

▪ Existen aplicaciones expresamente para que los músicos controlen sus sesiones de estudio: **Music Journal, ProMusica, Musicians Practice Log, Practice Journal, Gaisan.io, Praxis: Mu-**

sic Practice Journal, Session: Simple Music Practice Timer, Music Practice Assistant...

Observando la variedad que existe, parece que los desarrolladores de aplicaciones han visto que lo nuestro no es planificarnos, ¿verdad? Todas estas aplicaciones nos permiten organizar nuestra rutina de estudio diario, comprobar qué obras llevamos tiempo sin practicar y cuántos minutos dedicamos a cada una. Además, algunas de ellas nos permiten incluso gestionar cómo llevamos el tempo inicial con respecto al tempo final.

En el capítulo sobre aplicaciones para percusionistas os confesaba mi forma de estudio, y os explicaba cómo parto de un tempo extremamente lento, para controlar meticulosamente todos mis movimientos, y progresivamente voy aumentando la velocidad conforme me encuentro más seguro. Con estas aplicaciones podrás registrar el tempo inicial del que partes y el final al que quieres llegar para revisar tu progreso conforme vas sumando horas de estudio.

■ Si tu problema es más bien de falta de hábito, también hay un sinfín de aplicaciones que pueden ayudarte. El hábito de estudiar diariamente ha de adquirirse en la infancia, de no ser así cuantos más años pasan cada vez resulta más complicado adquirirlo. Pero no está todo perdido, aplicaciones como **Today** (iOS), **Nobze** (Android, iOS), **LifeTracker** (Android, iOS), **Habitica** (Android, iOS), **Way of Life** (Android, iOS), **Logsit** (iOS), **HabitBull** (Android, iOS), **Coach.me** (Android, iOS) o **GoogleGoals** (Android, iOS), entre muchas otras, se encargan de recordarte a diario si has estudiado el instrumento aunque sea solo 5 minutos. Es como tener a una madre preocupada, pero en el móvil.

Muchos otros tienen (¿o tenemos?) problemas de dispersión y procrastinación. Abrimos el libro y silenciamos el móvil, hasta ahí todo es perfecto. Pero de repente vemos que se ilumina la pantalla de nuestro aparato –que estaba perfectamente silenciado– y la vista comienza a desviarse sin que nosotros queramos. Finalmente no podemos evitarlo y acabamos respondiendo a ese mensaje, ojeando Facebook e Instagram hasta que sin darnos cuenta se nos han pasado dos horas. ¿Te has sentido identificado? No te preocupes. Bueno, un poco, pero hay soluciones.

■ **Forest** (Android, iOS): es una aplicación bellísima conceptualmente que utiliza la gamificación para conseguir dejar a un lado las distracciones. Cuando quieras ponerte a estudiar silencia el móvil y abre esta aplicación tanto en el ordenador como en el móvil (o solo en uno de los dos dispositivos, el que más te distraiga). Tras seleccionar un tiempo de estudio desde los diez minutos a las dos horas comenzará a crecer un árbol en el centro de nuestra pantalla, y no podremos salir de la aplicación, ni entrar en páginas web tentadoras que nosotros configuremos (te recomiendo incluir Facebook, Twitter, YouTube, Twitter, Netflix...). También podemos decirle que nos limite a una única página de la que no podemos salir ni tan siquiera abriendo otra pestaña. En caso de que nos saltemos las reglas que hayamos establecido, nuestro árbol se marchitará. Suena triste, pero cada árbol que consigamos que crezca sano y salvo pasará a formar parte de un precioso bosque. De esta manera podremos ver si nuestro bosque es verde y frondoso o si cada vez hay más árboles marchitos, lo que significará que estamos fracasando en evitar nuestra dispersión. Si empiezas a mejorar y consigues mantener tus árboles, cada planta te dará dinero virtual con el que «comprar» nuevas especies y retirar los troncos muertos. Lo más genial de todo es que la aplicación pretende que consigamos dejar el móvil a un lado para centrarnos en lo verdaderamente importante, no solo los estudios, sino en cualquier situación en la que el móvil es una distracción innecesaria. Uno de los aspectos que podemos mejorar con esta aplicación es el *phubbing*. Este término comenzó a utilizarse hacia 2007 con la aparición de los *smartphones* y se refiere a la práctica de desatender a las personas que tenemos junto a nosotros por prestar más atención a nuestro teléfono móvil. De esta manera, con Forest podemos crear diferentes etiquetas para cada árbol (estudios, amigos, familia) y observar en qué ámbito cumplimos mejor con nuestras prioridades. También permite conectar y competir con amigos, o reunir con ellos los puntos para que, si juntáis suficiente dinero virtual, la empresa plante un árbol real en vuestro nombre a través de una ONG. ¿No es un proyecto verdaderamente precioso?

■ Si crees que necesitas utilizar el móvil o el ordenador para estudiar (porque vas a servirte de alguna de las aplicaciones que muestro en este libro, por ejemplo), entonces quizá te interesen más las aplicaciones de temporizador al estilo Pomodoro, como la app **ClearFocus** (Android, iOS) o al estilo Timeboxing, con aplicaciones como **Do Now** (Android), **FocusList** (iOS) o **Seconds** (Android, iOS). Ambas técnicas trabajan por tandas de sesiones de estudio intensivo alternados con sesiones de descanso.

Para ser productivo es importante que analices cuál es el mejor método de estudio para ti. Pomodoro defiende que el cerebro es capaz de mantener la concentración por un tiempo máximo de 25 minutos, por ello hay que descansar cada vez que alcancemos ese tiempo de estudio. Al finalizar tres tandas de 25 minutos (con sus 5 minutos de descanso respectivos) hay que reposar 10 minutos.

El Timeboxing sin embargo defiende que cada tarea requiere un tiempo específico en función de su complejidad. Para ello delimitaremos un tiempo en el que tendremos que dar lo máximo de nosotros para resolverla, tratando de no excedernos de ese tiempo. Si transcurridos esos minutos no hemos conseguido resolverla, debemos revisar si hemos sido demasiado optimistas o si nos ha fallado la eficacia. Así sería una sesión de estudio con ambas técnicas:

POMODORO Basada en el tiempo de concentración que soporta el cerebro	TIMEBOXING Basada en delimitar el tiempo exacto y real que requiere la tarea
25' de estudio (calentamiento + obra 1)	14': calentamiento
5' de descanso	20': resolver pasaje técnico
25' de estudio (repaso obra 1)	7': memorizar parte A
Tras 3 sesiones de 25' se descansan 10'.	Descansos realistas cuando sean necesarios.

Otro aspecto muy relacionado con la productividad es el de la **eficacia**, que es la capacidad que tenemos para realizar algo y conseguir de ello el resultado que deseamos.

Puede darse el caso de que no tengamos problemas de procrastinación, de que realmente tengamos un buen hábito de estudio, pero pese a ello percibamos que las horas de estudio que dedicamos al instrumento no se corresponden con nuestro progreso, es decir, no obtenemos de nuestro estudio el resultado que esperamos. Es muy probable que entonces lo que nos falle sea la eficacia.

Este hecho muchas veces está relacionado directamente con el concepto de «imaginación sonora» al que aludía en el capítulo destinado a los instrumentos de viento. Muchos estudiantes se lanzan al estudio sin tener en mente un objetivo. Se sientan y tocan de arriba abajo la obra una y otra vez, o estudian por fragmentos pero sin una idea clara del porqué están estudiando y qué es lo que pretenden conseguir con esa sesión de estudio.

Una vez un profesor me dijo: «Nunca te sientes a estudiar sin tener algo que resolver», y es completamente cierto. Desarrollar este hábito nos permitirá mejorar también nuestro estudio consciente, es decir, saber en todo momento qué estamos haciendo técnicamente y conociendo el resultado sonoro y musical que va a darnos.

Por extraño que te suene, para gestionar este aspecto te puede resultar extremamente útil un **gestor de listas de tareas**. Las listas de tareas nos permiten priorizar lo que es importante en cada momento, e ir descartándolas conforme las superamos.

■ Aplicaciones como **Todoist** (Android, iOS), **Wunderlist** (Android, iOS) o **Google Keep** (Android, iOS) nos permiten establecer los objetivos que queremos superar cada día, de manera que al finalizar la semana vayamos a la próxima clase con todas nuestras metas conseguidas.

¿Cuántas veces el profesor de instrumento os ha preguntado «Bueno, ¿qué has hecho esta semana?», y no habéis sabido qué responderle? Con este sistema de planificación tendrás clarísimos los aspectos que has trabajado en tus sesiones de estudio y, efectivamente, serás más eficaz, evidenciarás tus progresos frente a tu profesor, te sentirás mucho mejor como estudiante y estoy casi convencido de que tus calificaciones comenzarán a dispararse.

Volviendo al concepto de imaginación sonora del que hablo en la sección dedicada a los instrumentos de viento metal, una buena práctica puede ser utilizar la grabadora, una aplicación que todos tenemos y que nos permite comprobar si con nuestro estudio nos acercamos más a la idea que buscamos o si, por el contrario, nos suena siempre igual por más horas que le dediquemos.

También puedes pedir a tu profesor que interprete los fragmentos que para ti sean más complicados, grabarlo con tu móvil y después en casa buscar ese mismo resultado sonoro. Si el sonido depende de que sepas aplicar una buena técnica, puedes hacer lo mismo pero en vídeo para fijarte en cómo resuelve el pasaje técnicamente tu profesor.

 Consejo 13: Realidad aumentada en clase

Existe una aplicación de realidad virtual que está revolucionando muchos sectores como la publicidad y la educación. Aurasma (Android, iOS) te permite tomar una fotografía y transformarla en un marcador de realidad aumentada. Esto significa que podemos fotografiar una sección de nuestra partitura y asignarle un contenido (por ejemplo, un vídeo). Cada vez que pases la cámara de la app por encima de esa sección la aplicación reconocerá el marcador y se iniciará el vídeo o imagen que le hayas asignado. Puedes utilizar esto para poner una explicación de tu profesor en un pasaje que te resulte difícil.

Prepara tus conciertos y audiciones

Al comienzo de esta sección os contaba mi experiencia con los conciertos que organizaban en el colegio y lo mucho que me ayudaron a tener confianza y seguridad en mí mismo. Las audiciones son una experiencia fantástica, pero si no se saben gestionar pueden llegar a ser traumáticas.

El papel del profesor será fundamental en este aspecto. Afortunadamente, los maestros que he tenido a lo largo de mi formación han mostrado mucha confianza y cariño en mí, lo que se ha traducido en que he disfrutado las audiciones, en vez de sufrirlas.

Si bien también es cierto que no todo reside en el profesor. Un aspecto fundamental para que las audiciones no te supongan una tortura es ir suficientemente preparado. Recuerdo que cuando era estudiante muchos compañeros acudían a las audiciones con las primeras páginas perfectas, pero con las últimas mal estudiadas por falta de tiempo y organización.

Obviamente, en la audición, expuestos frente al público, estas últimas páginas se convertían en un calvario y se escuchaba una interpretación repleta de inseguridades, dudas y fallos, haciendo que el alumno acabase de tocar con la autoestima por los suelos. Esta situación repetida varias veces terminaba por trasformar las audiciones en un auténtico trauma.

El profesor ha de saber en todo momento cuál es la situación del alumno, y si es muy arriesgado presentar la partitura en público debe buscar soluciones o alternativas varias semanas antes del concierto. Pero el estudiante también debe poner todo su empeño, trabajar duro y organizar su tiempo para que varias semanas antes del día de la audición las obras estén bien estudiadas.

Para ello es recomendable que, como alumno, hagas una buena planificación utilizando las aplicaciones del capítulo anterior, pero también que tengas muy interiorizada la partitura.

Por eso te sugiero que las digitalices, es decir, que las escanees y las tengas en PDF. De esta manera las tendrás disponibles en cualquier momento, especialmente si las subes a alguna plataforma de almacenamiento como Google Drive o Dropbox.

Tener disponibles las partituras en cualquier momento nos permite repasarlas siempre que queramos. Algunos profesores recomiendan a sus alumnos realizar sesiones de estudio mental sin el instrumento. Esto consiste en que el alumno trate de recordar la partitura al milímetro, hasta el punto de ser capaz de transcribirla entera: las notas, los matices, e incluso las digitaciones.

Con las partituras digitalizadas podemos hacer estos repasos y comprobar si nuestra memoria está en lo cierto en cualquier momento. También nos puede sacar de un apuro si nos hacen tocar de improvisto en algún evento.

■ Para escanear las partituras hay muchísimas aplicaciones, basta con escribir «scan» o «escáner» en la tienda de aplicaciones y te aparecerán varias. Escoge la que mejores valoraciones tenga de los usuarios. Yo utilizo **Scanner Mini** (iOS), pero **CamScanner** (Android) también es muy buena opción.

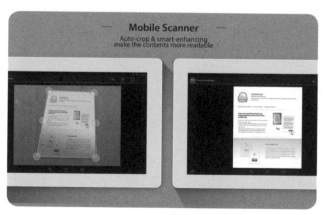

Una vez escaneadas, busca una aplicación donde guardar todas tus partituras clasificadas y ordenadas.

■ **GoodReader** (iOS) o **Foxit** (Android) son aplicaciones para leer y organizar documentos en general, sin importar que sean partituras o con cualquier otro tipo de contenido.

■ **ForScore** (iOS) y **MobileSheetsPro Music Reader** (Android) ofrecen herramientas pensadas por y para músicos. Organiza tus partituras por compositor, estilo, programa de concierto, etc. ¿Siempre se te olvida un sostenido en la misma nota? Con estas aplicaciones puedes añadir el símbolo y quedará perfectamente integrado, como escrito en la propia partitura. Añade digitaciones, ligaduras, notas, texto, subraya con colores, modifica el orden de las páginas y sincroniza el dispositivo con otro para que te pasen las páginas en un concierto. Además puedes asignar a cada partitura una pista de audio para que escuchar mientras estudias la versión de tu instrumentista favorito. Estas aplicaciones son sin duda imprescindibles para preparar mejor las audiciones.

Escuchar la partitura muchas veces también nos ayudará a interiorizarla antes, además de permitirnos ser más rápidos en el estudio porque conoceremos de antemano la melodía y la armonía que hay en cada momento.

Sin embargo muchas veces puede darse el caso de que no tengamos a nuestra disposición ninguna interpretación en formato audio. En este caso pueden ser interesantes aplicaciones como:

- **MusicPal** (iOS): nos permite tomar una fotografía de una partitura y escucharla al momento gracias a un sistema de reconocimiento inteligente.

- **SmartScore NoteReader** (Android, iOS) es similar a la aplicación anterior, pero también nos permite exportar la partitura a los formatos XML o MIDI, con los que podemos trabajar con editores de partituras como Finale o Sibelius. De esta manera puedes fotografiar una partitura y modificarla desde tu editor preferido.

- **What's my note** (Android, iOS): una aplicación pensada para coristas que quieren practicar sus partituras pero no saben leerlas. El funcionamiento es muy similar a las anteriores: tomamos una fotografía de la partitura y deslizamos el dedo sobre la línea melódica de la voz que queremos escuchar. Mientras deslizamos nuestro dedo por el pentagrama irán sonando las notas ahí escritas. ¡Ahora sí podrás aprenderte las canciones al dedillo!

- **PDFToMusic** (Mac, Windows) es un software de sobremesa que, al igual que las aplicaciones anteriores, reconoce las notas de las partituras, las reproduce y permite su exportación a editores de partituras. También reconoce las partituras que contienen letras y las reproduce con una pronunciación acorde al idioma.

El problema de estas aplicaciones es que la calidad musical del sonido que nos ofrece es muy pobre, ya que es un sonido MIDI bastante robótico que carece de toda musicalidad; no obstante, es muy recomendable y un recurso fantástico para hacerse una idea y tener un primer contacto con la partitura.

La escucha de audios reales, de grabaciones de grandes intérpretes de la máxima calidad, es imprescindible para estudiar las partituras. De estas grabaciones no solo podemos sacar información de cómo es la obra que estamos estudiando, sino que podemos hacer un análisis pormenorizado de cómo lo interpreta el instrumentista que realizó la grabación.

Por esto es muy recomendable que los profesores den referencias de grandes intérpretes a los alumnos, que les dejen escucharlos (¡aún hay profesores que se niegan a esto!) y que les presenten aplicaciones como las siguientes:

- **Anytune Pro** (iOS), **TempoSlowmo** (iOS), **Amazing Slow Downer** (Android, iOS), o **Music Speed Changer** (Android). Todas ellas permiten modificar la velocidad de los audios, de manera que los alumnos pueden hacer un estudio milimétrico de las interpretaciones de sus músicos preferidos. ¿Cómo resuelven los adornos o los trinos? ¿Cuánto marcan las diferentes articulaciones? ¿Cuándo respiran? ¿Cómo hacen los matices? Como contaba al comienzo de este libro, en mi infancia solía utilizar la función de bajar la velocidad de mi viejo reproductor mp3 para acompañarme en el estudio, pero más tarde vi que esa misma función me podía dar información muy valiosa en cuanto a la interpretación de las obras.

- **PracticeYourMusic**, otra aplicación –española, por cierto– que está pensada como una herramienta de estudio al detalle, esta vez para la música de cámara, es decir, para obras que requieren que varios músicos toquen en conjunto. La filosofía de esta aplicación es la misma que venía explicando anteriormente, pero llevada a la enésima potencia. Fundamentalmente, se trata de vídeos en los que un conjunto de músicos interpreta una pieza. La diferencia con cualquier otra plataforma de vídeos es que el usuario puede seleccionar qué instrumento escuchar (bajar el volumen al resto de músicos), visualizar la partitura que avanza junto al vídeo, activar el metrónomo, escuchar un pasaje en bucle e incluso cambiar el ángulo de la cámara para ver, por ejemplo, más de cerca las manos de un integrante. Absolutamente impresionante.

Consejo 14: *Streaming* como prueba de audición

Aplicaciones como Periscope nos permiten emitir en directo por Internet (lo que se conoce como *streaming*) con la ventaja de que a las 24 horas el contenido desaparece de esta plataforma. Si quieres hacer «pases» antes de tus audiciones prueba a grabarte en directo en esta aplicación (sin avisar a nadie) y experimenta cómo te sale y qué tal manejas los nervios. Puede que entre a escucharte alguien, pero no tendrás que preocuparte si sale mal porque el vídeo habrá desaparecido al día siguiente.

4

APPS PARA MEJORAR TUS CLASES (PROFESORES)

Cuando finalizaba mi etapa de estudiante comencé a trabajar impartiendo clases particulares de piano. Ahí ya empecé a ver que cada alumno es un mundo. Cada uno tiene unas características propias, unos rasgos que le definen como alumno y generalmente le llevan a un perfil que, si tenemos experiencia, podremos reconocer fácilmente. Por ejemplo, los hay muy disciplinados y responsables, incluso a edades tempranas, mientras que otros necesitan una supervisión constante hasta edades más tardías.

También hay padres con objetivos muy dispares. Algunos quieren que sus hijos estudien música con el fin de pasar el tiempo, entretenerse, sin que necesariamente desarrollen un gran nivel con el instrumento, mientras que otros pretenden que su hijo o hija desarrolle al máximo su potencial y cualidades, cueste las horas de estudio que cueste.

Hay que decir que ninguna de las dos posturas son en absoluto criticables. Apuntar a tu hijo a música para que cultive el gusto por disciplinas artísticas (algo muy carente en la enseñanza hoy en día) con la pretensión de que no le requiera muchas horas de estudio es muy loable, pero en este caso hay que barajar si es realista apuntarle a una escuela de música, en la que se van a exigir unos mínimos de estudio, o si por el contrario es mejor que opten por un profesor particular y las clases sean más libres. Sea cual sea la situación, el profesor debe conocerla en todo momento para ajustar así sus clases y exigencias.

En función de toda la información que vaya recopilando sobre el alumno el profesor deberá diseñar un plan metodológico para que sus clases alcancen el objetivo y el nivel establecidos. Para organizar sus clases y mejorar sus enseñanzas, puede utilizar diversas aplicaciones como las presentadas en esta sección.

Dispositivos móviles en centros educativos

A estas alturas del libro ya debes haber visto que las aplicaciones realmente pueden ser herramientas muy poderosas y útiles para el estudio de tus alumnos. A esto debemos añadirle que, nos guste o no, la tecnología es el idioma que hablan los estudiantes de hoy en día, por lo que incluirla en nuestras clases ha de ser una labor que antes o después tendremos que cumplir.

Sin embargo la inclusión de los dispositivos móviles en el aula es un tema candente y no falto de polémica. Actualmente, no existe una normativa que regule el uso de los dispositivos móviles en el aula a escala estatal o autonómica y ni tan siquiera en el ámbito de centros dentro del mismo barrio.

Por lo tanto, el profesor que quiera incluir el uso de tableta o móvil en sus clases debe atender a la situación concreta de su centro, consultarlo con la dirección y, en caso de que no exista una normativa al respecto, proponer al coordinador TIC del centro (en caso de que se incluya este perfil) que estudie la viabilidad y diseñe un plan de fomento y formación para el profesorado.

El miedo por parte de las autoridades, directivas y docentes radica en que incluyendo el móvil en el aula aumenten los casos de ciberacoso, chantaje, atentado contra la privacidad, etc. Todos estos aspectos son importantes, pero como docentes debemos saber que el problema no lo tiene la herramienta, sino el usuario, que en este caso es el alumno.

Por lo tanto, al igual que en los últimos años se han hecho programas formativos magníficos para educar en valores, y se trabaja para que, por ejemplo, ningún niño ejerza discriminación sobre otro compañero, también se puede trabajar el uso responsable de estos dispositivos.

En el caso de las escuelas de música y los conservatorios de Enseñanzas Profesionales el asunto puede ser un poco más laxo. La asignatura principal (instrumento) es individual, así que muchos de estos problemas desaparecen. Por otro lado, en las asignaturas en grupo la actitud de los alumnos suele ser muy diferente a la de los institutos, diferenciándose principalmente por el carácter voluntario de estos estudios y la obligatoriedad de los otros.

La formación del profesorado también es importante. El profesor debe conocer las herramientas que puede utilizar para cada situación. Por suerte, no estamos hablando de dispositivos completamente desconocidos, pero sí es cierto que existe mucha desinformación respecto a todas las opciones metodológicas que ofrecen los dispositivos móviles.

Por esto, el coordinador TIC (si lo hay) o algún especialista deberá formar al profesorado en el uso de estos dispositivos dentro del centro, especialmente ofreciendo a cada maestro las opciones de uso que puede aplicar en su aula.

El hecho de que cada profesor y cada alumno lleven su propio móvil (hay empresas que ya se sirven de este instrumento y lo llaman BYOD: *bring your own device*) también facilita su inclusión en cuanto a presupuesto. Sin embargo, puede dar lugar a diferencias entre usuarios, de manera que no todos puedan realizar las mismas actividades, bien por no poseer un dispositivo móvil, bien por no disponer de la tecnología necesaria (sistema operativo incompatible, conectividad...).

Por ello es fundamental que el centro se implique en definir unas pautas muy claras a seguir, analizar la situación en que se encuentra (¿cuántos profesores tienen móvil?, ¿cuántos están dispuestos a usarlo en sus clases?, ¿qué dispositivo tienen?, ¿cuántos alumnos podrían traer el móvil?, ¿en qué asignaturas es más interesante utilizarlo?) y planificar un plan de acción atendiendo a esas características particulares.

Consejo 15: Analizar antes de decidir

Si quieres que en tu centro se utilice el teléfono móvil y todavía no existe una normativa al respecto, es importante que desde la dirección se haga un estudio de las características del alumnado, la opinión y la implicación de las familias, la formación del profesorado y los usos que se pretende dar.

Introducir el móvil en el aula: ¿por dónde empiezo?

Tanto si eres profesor de primaria o de secundaria como si lo eres de un conservatorio o escuela de música deberás atender a la normativa de tu centro.

Si existe una normativa que te permite emplear el móvil en tus clases, invita a tus alumnos a traer su dispositivo e infórmales de las herramientas que vais a utilizar. No elijas aplicaciones de pago. También es importante que les adviertas del uso responsable del móvil y que tú mismo les eduques en las buenas prácticas.

Informa en todo momento a los padres sobre el uso de estos dispositivos y pídeles su autorización e implicación, así como su posterior supervisión en casa. Si consideras completamente necesaria alguna aplicación de pago, asegúrate de que está disponible para los sistemas operativos que tienen tus alumnos y ponte en contacto con los padres para plantear la situación. Si no hay acuerdo en que todos paguen, tendrás que buscar alternativas gratuitas o reformular tu metodología.

Si por el contrario en tu centro no existe ninguna normativa sobre el uso de dispositivos móviles y tampoco observas que haya iniciativa por parte del resto de profesores para redactar una, puedes considerar el uso de tu dispositivo móvil de forma particular en tus clases como un recurso metodológico propio más.

Esto significa que no puedes exigir a tus alumnos que lleven el dispositivo a las clases, sino que has de utilizar el tuyo como refuerzo a algunas de tus explicaciones. Si consideras que esto puede traerte problemas, replantéate si es viable su uso, o empléalo únicamente para fines educativos personales, como la organización y la planificación de tus clases.

 Consejo 16: Hazlo fácil, es mejor

Andar buscando aplicaciones una a una puede ser muy tedioso para tus alumnos (o para los padres). Si quieres recomendar aplicaciones a tus alumnos, localiza la página web de descarga de cada una de ellas y genera un código QR de ese enlace. Cuando tengas todos los códigos, prepara un dosier e imprímelo. De esta manera tus alumnos podrán descargarlas cómodamente y evitarás que descarguen por error aplicaciones con nombres similares.

Apps para gestionar tus clases de forma productiva

La gestión escolar es uno de los aspectos en que los profesores suelen divergir más. Esta contempla el registro del progreso de las clases, la asistencia de los alumnos, puntuaciones y particularidades de cada uno, entre otras labores. Muchos profesores utilizan agendas en formato papel que tienen diferentes secciones para registrar estos datos; otros crean sus propias fichas y las archivan en carpetas; algunos utilizan aplicaciones o herramientas de ofimática para recopilar las puntuaciones y otros tienen el privilegio de contar con una plataforma interna del centro.

La mejor opción, en mi opinión, es el uso de plataformas de gestión escolar, ya que proporciona a todos los maestros las mismas opciones y agiliza enormemente trámites burocráticos de tutorización como es la entrega de actas entre profesores o el recuento de faltas de asistencia.

Si en tu centro no tenéis todavía ninguna plataforma y no ha surgido la idea, puedes comentarlo para ver si existe alguna opción. Hay una gran variedad de herramientas, como **Educamos**, **Alexia**, **aGora**, **ApliAula**, **CifraEducación** o la nueva plataforma creada por el mastodóntico buscador, **Google Classroom**, que es gratuita, aunque por el momento tiene mayores limitaciones que las anteriores.

Sin embargo, no todos los centros cuentan con este tipo de plataformas de forma institucional. En tal caso, si quisieras tener todos los datos sobre tus alumnos informatizados para después obtener informes y resúmenes con mayor rapidez deberás buscar otras opciones.

Me gustaría hablaros de mi caso personal. Actualmente, en el centro donde trabajo no se emplea ninguna plataforma de gestión educativa, aunque sí que se está barajando la posibilidad de implementar una. Por lo tanto, en estos años anteriores he tenido que servirme de diferentes herramientas que me permitiesen registrar el progreso de mis alumnos:

- Comencé utilizando **idoceo** (iOS), una aplicación completísima que tiene diversas funciones idóneas para profesores, como cuaderno de notas, calendario y plantilla semanal para organizar las clases, diario de clase, líneas del tiempo, gestor de documentos y ficheros, bloc de notas, generador de informes de cada alumno... Una barbaridad, vamos. Existen diversas aplicaciones similares a esta, como **Additio** (Android, iOS), **iTeacherbook** (iOS) o **TeacherKit** (Android, iOS).

- Durante el siguiente curso vi que al tener clases individuales (de piano) no necesitaba muchas de las funciones de las aplicaciones anteriores y que sin embargo echaba en falta un recurso que me permitiera, además de registrar la actividad diaria de mis clases, informar a los padres y alumnos al finalizar cada clase sobre cómo había ido. Por ello decidí utilizar los documentos de **Google Docs**, un recurso gratuito que me dio excelentes resultados. Para cada alumno creé un documento diferente en el que anotaba sesión por sesión lo que hacíamos en clase y lo que había de deberes. También anotaba las calificaciones, observaciones y ausencias, adjuntaba vídeos de las obras que estaban tocando, añadía textos, imágenes enlaces, etc. Al hacerlo en esta plataforma las fichas de cada alumno siempre estaban actualizadas en la nube, de manera que aunque olvidase el ordenador podía apuntar las observaciones y los deberes desde el móvil o incluso desde la tableta. Además, al ser cada documento individual, podía compartirlo con cada padre mediante un enlace único, de manera que podían supervisar cómo habían ido las clases de piano cada semana. Esta experiencia me resultó comodísima, ya que tampoco tuve ningún problema de compatibilidades y los padres estaban encantados con tener un informe instantáneo de sus hijos tras cada clase y consultarlo desde el móvil, la tableta, el ordenador, etc. Y todo esto tenía la ventaja de que era totalmente gratuito.

Sin embargo, al año siguiente me encontré con una nueva necesidad: la opción anterior, aunque hasta el momento era la mejor que había encontrado y no tendría problemas en seguir utilizándola, no me permitía comunicarme fluidamente con mis alumnos ni con los padres. A veces, mis alumnos tenían dudas en casa durante el estudio y pasaban toda la semana sin resolverla porque a los padres vacilaban en escribirme a mi número privado para preguntarme, algo que me parece razonable y que realmente les agradezco.

Por ello seguí indagando y encontré la siguiente aplicación de la que os voy a hablar. Imaginad cuál es mi entusiasmo con esta aplicación que, en cuanto comencé a utilizarla, escribí a los desarrolladores para felicitarles y rogarles que por favor la tradujeran al español. ¡Afortunadamente, dijeron que traducirla a varios idiomas estaba entre sus planes futuros!

- **Tonara** (Android, iOS): esta aplicación gratuita pretende gamificar el estudio con el instrumento, de manera que se cree un hábito de estudio diario «jugando». Asimismo, permite establecer una comunicación fluida con los alumnos y los padres de un modo increíble mediante un chat interno de la aplicación, por lo que no es necesario que ni padres ni profesores den el número de teléfono privado. El funcionamiento es el siguiente:

    1. El profesor desde su móvil asigna una tarea al alumno, en la que le debe indicar el tiempo que tiene que invertir en su realización; pongamos el caso de que le indicamos «trabajar técnica durante 10 minutos». A esa tarea le podemos añadir comentarios escritos como «recuerda estudiar con el metrónomo a 60».

    2. El alumno recibe en su móvil/tableta la tarea con las observaciones del profesor. Bajo la tarea aparece el botón de «Practicar», y al pulsarlo aparece un cronómetro que ocupa toda la pantalla y contabiliza el tiempo de estudio.

    3. Cuando el alumno ha alcanzado el tiempo que el profesor había señalado para cada tarea obtiene puntos e incentivos, subiendo cada vez de nivel.

    ¡¿No es genial?! Pero ¿cómo sabe la aplicación que durante ese tiempo el alumno ha estado realmente ensayando? Aquí viene lo más impactante: detecta cuándo suena el instrumento. Al crear el perfil, el usuario debe indicar qué instrumento toca, de esta manera el móvil buscará las frecuencias propias del instrumento mientras que está activado el cronómetro de estudio. Si el alumno deja de tocar, en el cronómetro aparecerá un mensaje advirtiendo «¡Eh, que no te escucho!», por lo que, aunque el tiempo corra, dejará de sumar puntos si no vuelve a tocar.

Esta aplicación ha hecho que mis alumnos estudien a diario por voluntad propia, y además les ofrece un chat interno para preguntarme dudas sobre lo que están estudiando (solo pueden comunicarse con el profesor, no entre ellos, de esta manera es una plataforma segurísima: no hay contacto exterior y previene problemas entre alumnos).

Además, desde la misma aplicación se puede chatear con los desarrolladores que están atendiendo a las sugerencias de los usuarios y trabajando por aumentar las opciones y ventajas de la aplicación, así que en las próximas actualizaciones estoy convencido de que implementarán muchas más funcionalidades y mejoras. Todo un descubrimiento, vaya.

 Consejo 17: Gamifica tus clases

Ya hemos hablado a lo largo de este libro varias veces sobre la gamificación. Sin embargo, no os he contado que no es necesaria ninguna aplicación para que la utilicemos. Voy a proponerte dos maneras de gamificar en tus clases, una por medio de aplicaciones y otra por medio de recursos materiales. Las dos las he empleado en mis clases y han dado muy buenos resultados.

Gamificar con aplicaciones de mensajería (e-mail, What's app, Telegram, etc.):

- Establece el **objetivo** que quieres que tus alumnos alcancen. En mi caso, la meta era que adquiriesen el hábito de practicar la primera vista en su casa durante 30 días.

- Crea unas **reglas del juego**. Por ejemplo, yo creé el reto de hacer una primera vista a diario. Las reglas son que debían enviarme una fotografía del ejercicio que iban a tocar; que su extensión no podía ser mayor ni menor a dos pentagramas y que tenían que enviarme por mensaje de voz la primera vista.

- Establece los **premios y recompensas**. En mi caso, cada vez que me enviaban 10 primeras vistas obtenían una estrella. Puedes variarlo y hacer que, por ejemplo, tengan derecho a elegir qué hacer en una clase.

- Crea en ellos la sensación de **progreso**. Cada vez que me enviaban el audio les mostraba mediante emoticonos el recuento de las primeras vistas que llevaban y cuando sumaban diez añadía la estrella. También puedes establecer diferentes niveles según los puntos acumulados (por ejemplo, «novato, experto y virtuoso») o establecer un ranking y comprobar si la competitividad entre ellos les favorece o no.

- No olvides darles una **recompensa final** si alcanzan el objetivo inicial.

Gamificar con recursos materiales:

- Propón una serie de normas en tus clases, y suma o resta puntos cuando estas se cumplan o falten. Los puntos pueden ser cualquier elemento que tengas a mano (yo utilizo garbanzos). Por ejemplo, puedes sumar puntos a tu alumno cada vez que recuerde una corrección de la clase anterior, y restarle por error cometido en la interpretación. Al final de la clase realiza la suma de los puntos obtenidos y acumúlalos para hacer un ranking de alumnos. Les encantará y pondrán mucha más atención en las clases.

Propuestas metodológicas en el aula

Recuerdo el momento en que decidí utilizar aplicaciones en mis clases de piano. Como ya sabéis, desde niño me he servido de recursos tecnológicos para estudiar, así que consideraba necesario transmitir estas herramientas y su utilidad a mis alumnos, pero claro, lo hice poco a poco, no es lo mismo ser el alumno y estar en casa que ser el profesor y estar en clase. Lo segundo conlleva una gran responsabilidad.

Comencé impartiendo clases con la metodología tradicional, y paulatinamente busqué la manera de implementar la tecnología en mis clases. Hacerlo fue sin duda un momento de inflexión, no solo por lo que me ha supuesto profesionalmente sino por la reacción de mis alumnos, la calidad de mis clases y mi autoconcepto como docente.

También recuerdo un comentario que me dejaron en un vídeo del canal de YouTube del blog. Decía algo así como: «Si necesitas utilizar aplicaciones para motivar a tus alumnos es que no eres un buen profesor».

Al leerla dudé de mí mismo, de todo lo que había estado haciendo durante los últimos años, y llegué a creer que era cierto. ¿No era capaz de motivarlos por mí mismo? ¿Utilizaba las aplicaciones como un refugio a mi incapacidad docente? Luego recapacité y me di cuenta de que, efectivamente, un profesor que no sabe motivar a sus alumnos es un mal docente. ¡Pero este no era mi caso!

Más bien al contrario, había encontrado la manera más eficaz de motivarles, sin dejar de lado el instrumento, y lo más complicado: manteniendo esa motivación clase tras clase, mes tras mes y curso tras curso. ¡Menudo hito!

Desde que comencé con esta metodología tenía un objetivo clarísimo: que las clases en las que los alumnos encorvaban la espalda y resoplaban mirando el reloj se acabasen, y que venir a clase de piano fuera para ellos una experiencia única e impactante, ya que sabía que solo así calaría en su recuerdo y el aprendizaje sería significativo. ¿Era entonces mal profesor? Es evidente que no.

Como también he dicho anteriormente, el uso de aplicaciones móviles en el aula no implica la omnipresencia de estas en todo momento, y nunca recomendaría que fuera así. El uso de recursos externos son simplemente pinceladas, herramientas puntuales para explicar o trabajar contenidos musicales de forma distinta, divertida e interactiva.

A continuación os presento algunos proyectos que podéis utilizar en clase para complementar vuestras explicaciones, tanto de instrumento como de asignaturas teóricas.

☐ **Proyecto 1: El museo secreto**

Apps: cualquiera que permita generar y leer códigos QR. QR generator, Lector QR, o la app de Google Chrome.

Este proyecto es realmente sencillo. Consiste en generar códigos QR y distribuirlos por nuestra clase o por el centro. Los códigos QR son imágenes (como un código de barras) que permiten dirigirnos a una página web al enfocarlos con la cámara de nuestro móvil.

Para crear las imágenes será necesario acceder a un generador de códigos QR (hay cientos de apps gratuitas, pero también páginas web como qrgenerator.com). Una vez tengamos las imágenes, deberemos imprimirlas y colgarlas por las paredes de nuestra aula o nuestro centro.

De esta manera podemos enseñar contenidos interesantes a nuestros alumnos mientras esperan en los pasillos, en nuestra aula para los cambios de clase, en los descansos, o simplemente como una actividad más de clase. Lo mejor de este proyecto es que es muy sencillo y rápido de hacer y podemos cambiar los códigos periódicamente.

Anota aquí tus ideas:

_____

_____

_____

_____

_____

_____

_____

☐ **Proyecto 2: Canal de YouTube**

Apps: cámara de vídeo, YouTube, editor de vídeo (opcional), como Magisto, Quik o iMovie.

Este proyecto puede ser todo lo complejo y ambicioso que el profesor desee, en función de los vídeos que se vayan a subir (podemos subir el vídeo tal y como queda recién grabado en el móvil o podemos editarlo posteriormente para hacer cortes, añadir títulos, cabecera, música de fondo, etc.).

La creación de un canal de YouTube requiere una conexión a Internet y la creación de una cuenta de correo en Gmail. Puedes crear una cuenta para tus clases y utilizarla como medio de comunicación con tus alumnos.

Los vídeos se pueden poner como ocultos si prefieres que solo tengan acceso tus alumnos, o como públicos si quieres que más gente pueda visualizarlos.

Los contenidos de los vídeos pueden ser completamente a tu gusto, y los puedes hacer tú o tus alumnos. Algunas sugerencias para tu canal de YouTube son: explicaciones sobre la técnica del instrumento o su historia, investigaciones sobre compositores, análisis de obras, informativos (actualidad musical), grabaciones de audiciones, etc.

Anota aquí tus ideas:

_____

_____

_____

_____

_____

_____

_____

☐ **Proyecto 3: La ruleta de la fortuna**

Apps: cualquiera tipo ruleta de la fortuna como DecideNow!

Estudiar un pasaje que no nos sale requiere repetirlo una y otra vez hasta que lo automaticemos. Esto puede resultar especialmente tedioso en alumnos pequeños. Para hacerlo más ameno puedes utilizar una aplicación de ruleta (o alguna que elija aleatoriamente entre diversas opciones) y escribir en cada opción pruebas sencillas que los alumnos deban realizar mientras hacen la repetición. Cada vez que tengan que repetir un pasaje hazles girar la ruleta y probar suerte con su nuevo reto. Cambiará completamente su percepción de lo que es estudiar repitiendo, ¡e incluso acabarán pidiéndotelo!

Algunas pruebas pueden ser:

- ¡Tócalo a cámara lenta!
- ¡Tócalo de rodillas!
- ¡Tócalo a la pata coja!
- ¡Tócalo con los ojos cerrados!
- ¡Tócalo con la partitura del revés!

Además puedes ponerles como deberes que inventen nuevas pruebas cuando estudien en casa. Una forma más divertida de incentivarles para que desarrollen el hábito de estudiar diariamente y de manera autónoma.

Anota aquí tus ideas:

_____

_____

_____

_____

_____

❑ **Proyecto 4: Concursos en grupo**

Apps: Kahoot, Plickers, Socrative o Quizizz.

Si eres profesor de una asignatura grupal seguramente has hecho concursos de preguntas en tus clases. Una forma interactiva y muy divertida de llevarlos a cabo es por medio de estas aplicaciones.

Todas ellas permiten crear un cuestionario y preguntarlo en clase a modo de concurso. El profesor deberá crear el cuestionario desde la plataforma web y obtendrá un código. Cuando los alumnos registren ese código desde la aplicación se conectarán como jugadores a tu encuesta y comenzará el concurso.

El profesor desde su ordenador hará de moderador y mostrará cada pregunta, dejando un tiempo para que los alumnos marquen la respuesta desde sus móviles. Al finalizar el tiempo para las respuestas, los alumnos obtendrán un *feedback* de si su respuesta era correcta o incorrecta y en función de ello obtendrán (o no) puntos. Finalmente resultará ganador el alumno que más puntos haya conseguido.

Anota aquí tus ideas:

_____

_____

_____

_____

_____

_____

_____

❑ **Proyecto 5: El rey de la pista**

Apps: Groove Pizza (web), Supermetronomo, Incredibox o similar.

Este proyecto pretende que los alumnos experimenten musicalmente con diversos estilos por medio de aplicaciones que generan bases rítmicas, o lo que se conoce como *grooves*.

Con estas aplicaciones puedes trabajar la técnica o incluso las obras acostumbrando a tus alumnos a escuchar la pulsación marcada de diferentes maneras (sincopada, a contratiempo, con swing, etc.) y con distintos instrumentos, en vez de con el clásico pitido del metrónomo.

Consulta el capítulo «Apps para iniciarse en otros estilos musicales» para encontrar otros secuenciadores útiles para este proyecto.

Anota aquí tus ideas:

_____

_____

_____

_____

_____

_____

_____

_____

_____

◻ **Proyecto 6: Repositorio de movimientos**

Apps: GIFs, YouTube, YoutubeSlow (web).

Con este proyecto se pretende que los alumnos tomen mayor conciencia de los movimientos que realizan al tocar el instrumento. Para ello deben buscar vídeos de los grandes intérpretes y analizar sus movimientos corporales visualizando el vídeo a cámara lenta. Esta visualización les permitirá comparar diferentes técnicas y maneras de interpretar pasajes complicados, trinos, escalas, arpegios, terceras, etc.

Una vez escogidos los movimientos más significativos puede crearse un repositorio (almacén) de movimientos extrayendo los segundos donde se aprecia el movimiento. Para extraer solamente esa fracción de segundos puede generarse un GIF desde plataformas como gifgenerator.

Anota aquí tus ideas:

_____

_____

_____

_____

_____

_____

_____

_____

_____

_____

☐ **Proyecto 7: Programa de radio**

Apps: grabadora de voz, Spreaker Studio, SoundCloud.

Este proyecto es similar al de la creación de un canal de YouTube. También puede ser tan complejo como el profesor o los alumnos quieran, pudiendo subir los audios tal y como quedan registrados en el móvil o editarlos para añadir efectos sonoros, música de fondo, sintonías, anuncios, etc.

También puedes elegir entre emitir en directo (más arriesgado) con aplicaciones como Spreaker Studio, o grabarlo primero con la grabadora de voz y subirlo posteriormente a plataformas de distribución de audio en línea como SoundCloud.

Con este proyecto se trabaja de una manera excelente la expresión oral. Puede plantearse como proyecto de centro, de modo que cada grupo suba contenidos sobre su instrumento. Algunas ideas de contenidos son: entrevistas entre alumnos, entrevistas a profesionales internos y externos al centro, explicación y escucha de grabaciones hechas por grandes intérpretes, composiciones propias de los alumnos, cuñas publicitarias de conciertos o audiciones del centro, audiorrelatos inspirados en la vida de compositores, etc.

Anota aquí tus ideas:

_____

_____

_____

_____

_____

_____

_____

◻ **Proyecto 8: Club de compositores**

Apps: Noteflight, Scorecloud.

La composición es una disciplina que por desgracia no se trabaja en las enseñanzas profesionales como asignatura troncal. Su formación queda relegada a los últimos cursos y a la carrera superior.

Sin embargo la composición puede ser el eje motor para reforzar otras asignaturas, como el lenguaje musical, la armonía, el análisis o la historia de la música. Por tanto, no desestimes la opción de pedir a tus alumnos breves composiciones imitando a grandes compositores.

Como es obvio, a todos no les gustará, pero a los que veas que tienen facilidad y les agrade puedes unirlos de vez en cuando y formar un «Club de compositores» para seguir guiándoles para que poco a poco mejoren sus habilidades compositivas.

Lo ideal sería que este proyecto lo realizaran conjuntamente varios profesores, trabajando cada uno un aspecto (por ejemplo, el profesor de lenguaje o armonía puede revisarles la armonización de sus composiciones, el de análisis la forma, el de historia el estilo y los de instrumento pueden tomar las obras del «Club de compositores» y asignarlas a otros alumnos para que las interpreten).

Para iniciarse en la composición pueden comenzar con plataformas para la edición de partituras, como Noteflight, que es gratuita y está disponible *online*, por lo que no habrá problemas de compatibilidades.

Consulta el capítulo destinado a la composición para conocer más aplicaciones.

Anota aquí tus ideas:

_____

_____

☐ **Proyecto 9: Audiciones diferentes**

Apps: Periscope, Livestream, YouTube, Facebook o similar.

Las audiciones son un proyecto que todos los profesores de instrumento realizan. Sin embargo es una de las experiencias que menos gusta a los alumnos por la presión que supone la exposición frente a otros compañeros, familiares, profesores y amigos. Para evitar esta sensación podemos tratar de darle la vuelta.

En primer lugar comienza por plantearlas de una manera diferente. Una de las cosas que más intranquilidad genera en los alumnos es sentirse observados. Puedes tratar de restarles protagonismo haciendo que la gente no les mire directamente. Tocar amenizando una exposición de fotografías, pinturas o dibujos puede ser un buen modo de hacerlo. Los invitados estarán pendientes de la música, pero no mirarán únicamente al instrumentista. Otra buena forma de hacerlo es intercalando las interpretaciones con narración de cuentos o poemas seleccionados y recitados, por ejemplo, por los padres.

Si quieres que progresivamente se vayan acostumbrando a ser el centro de atención (al fin y al cabo ser escuchado es el fin último del músico), puedes plantearlo como audiciones temáticas. Música de cine, música del Barroco, música del impresionismo, música rock... hay un sinfín de temas que pueden ambientar la audición. Para restarle importancia, también puedes pedir que tus alumnos vayan disfrazados acuerdo a la temática.

Si en tu centro tenéis redes sociales una opción interesante puede ser retransmitirlas a través de alguna de ellas, como Livestream, YouTube o Facebook y pedir interacción y mensajes de apoyo de los seguidores. Esta opción también facilitará que familiares y amigos que no pueden desplazarse hasta la audición la disfruten desde casa.

Anota aquí tus ideas:

❑ **Proyecto 10: Grabación de un disco**

Apps: Grabadora de voz, Resonare, Garage Band, Walk Band, StageLight, PocketBand, etc.

La mejor manera de dejar constancia de que se ha hecho algo es registrarlo. Grabar las audiciones nos permite registrar en formato vídeo o audio una obra que hemos trabajado, pero generalmente los nervios no nos permiten dar lo mejor de nosotros, y además en ese trimestre seguramente habremos trabajado también otras obras que permanecen a la sombra y finalmente quedan olvidadas sin dejar registro del esfuerzo invertido.

Un proyecto bonito es la grabación de un disco con tus alumnos; desde luego, con recursos caseros. Hoy en día los micrófonos de los teléfonos móviles pueden grabar con una calidad más que decente, pero si ves que no es tu caso puedes conseguir una grabadora o micrófono para obtener un mejor resultado (las hay por precios muy económicos).

Una vez tengas las grabaciones de tus alumnos puedes publicarlas como un álbum completo en plataformas como Sound-Cloud y utilizarlas en la emisora de radio en caso de que hayas creado una con tus alumnos (ver proyecto número 7).

Si quieres conocer más aplicaciones para grabar, maquetas consulta el apartado de este libro destinado a ello.

Anota aquí tus ideas:

_____

_____

_____

_____

_____

☐ **Proyecto 11: Cine mudo**

Apps: grabadora de voz, Garage Band, Walk Band, StageLight, PocketBand, etc. y aplicación para lanzar sonidos estilo Instant Buttons.

Puedes hacer que tus alumnos creen una banda sonora para cine mudo (que pueden grabar también ellos mismos actuando) mediante melodías y efectos sonoros hechos con el instrumento, pero también sonidos grabados (por ejemplo, sonidos ambiente de la carretera o el campo), o lanzando sonidos con una aplicación al estilo de Instant Buttons.

Si quieres conocer más aplicaciones para grabar maquetas consulta el apartado de este libro destinado a ello.

Anota aquí tus ideas:

_____

_____

_____

_____

_____

_____

_____

_____

_____

_____

5

APPS PARA INICIARSE EN OTROS ESTILOS DE MÚSICA

Una de las mayores críticas que recibe el sistema educativo musical actual de los conservatorios es la falta de formación que se da a los músicos en otros estilos que no sean el clásico. Los músicos de jazz, por ejemplo, deben formarse durante años en academias privadas o con clases particulares para alcanzar el nivel que se precisa para acceder a las Enseñanzas Superiores, porque no existe una especialidad de jazz en los conservatorios de enseñanzas regladas.

Otros estilos, como el pop, el folk, el rock, el flamenco o la música étnica, a menudo no aparecen contemplados en ningún nivel educativo (ni tan siquiera el básico), y por tanto obtener una formación profesional completa requiere que los alumnos se eduquen en las pocas academias privadas que ofrecen clases de un modo estructurado y que posteriormente accedan a universidades privadas como el prestigioso Berklee College of Music, el que es posiblemente el mayor referente a escala mundial en formación superior de estos estilos.

Algunas aplicaciones nos pueden ayudar a introducirnos en estos estilos, pero al igual que en la música clásica, la enseñanza con un buen docente será fundamental para conocer y desarrollar todas las destrezas técnicas y teóricas que el músico necesita.

Pop/rock

Son los estilos más extendidos y aparentemente los más accesibles a personas sin nociones musicales. Es cierto que muchos grandes músicos de estos géneros comienzan de manera autodidacta y sin conocimientos previos, sin embargo la competitividad existente hoy en día ha hecho que los que quieren dedicarse profesionalmente a ello acaben adquiriendo una vasta y sólida formación teórica y musical.

Si quieres comenzar como músico pop te recomiendo que en primer lugar conozcas, aparte de la teoría musical (puedes ver más arriba el capítulo destinado a ello), la armonía y la forma estructural que tienen las canciones.

Las composiciones, aunque sean pop, no se crean al azar. Por lo general deben respetar una estructura (que puede variar) en la que cada sección tiene una duración concreta en compases y utiliza unos acordes. Estos acordes siempre guardan unas relaciones con la tonalidad en la que se encuentre la canción (tónica, dominante, subdominante, dominantes secundarias, etc.).

Posiblemente esto te suene a chino, y es porque necesitas conocer la teoría musical. Pero para empezar, un buen paso es tomar canciones emblemáticas de la música pop y analizar su estructura.

■ **Jamn Player** (iOS) o **AnySong Chord Recognition** (Android). Estas aplicaciones toman las canciones que tienes en tu móvil y detectan su armonía, es decir, sus acordes. Te recomiendo que apuntes en una hoja los acordes que conforman tus canciones favoritas y los que tiene cada sección (introducción, verso, estribillo, etc.) y aprendas a tocarlos en un instrumento como el piano o la guitarra. Si eres percusionista, realiza el mismo análisis centrándote en los patrones rítmicos utilizados en cada sección. Para reconocerlos puedes ayudarte de la página web Groove Scribe, de la que he hablado en el apartado sobre apps para percusionistas.

Una vez conozcas la armonía y las estructuras de las canciones, procura evitar tocar siempre los acordes (es lo que hacen los músicos que no evolucionan más como intérpretes) y trata de desarrollar melodías. Para ello el próximo paso es aprender a improvisar sobre esos acordes. Para improvisar puedes basarte en escalas, es decir, en una selección de las notas que utilizarás en tus melodías. Intenta no salirte de esas notas y verás cómo al combinarlas sonarán de un modo característico dependiendo de la escala.

▓ Para experimentar con las escalas puedes utilizar aplicaciones como **ScaleMaster** (iOS) **MusicScalesDavidKBD** (Android), **Scales & Modes** (Android, iOS) o **ScaleGenerator** (iOS) y **iImprov Chord/Scale Compendium** (iOS).

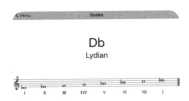

Consejo 18: Elige instrumental

Si estás pensando en iniciarte en la composición de canciones comerciales te recomiendo que analices también la **instrumentación** que se utiliza en estos estilos de música. Conocer esto implica familiarizarse con los principales instrumentos que se emplean y el papel que desempeñan (¿tiene un papel protagonista o simplemente acompaña?). Para ello puedes servirte una aplicación para bajar la velocidad de tus canciones y analizar detenidamente este aspecto, apuntando en un papel qué instrumentos escuchas y qué importancia se da a cada uno. Algunas de estas aplicaciones son Anytune Pro (iOS), TempoSlowmo (iOS), Amazing Slow Downer (Android, iOS) y Music Speed Changer.

Jazz

En el caso del jazz, la forma o estructura de la pieza es un aspecto muy importante, pero cobra aún mayor importancia y urgencia que el músico tenga un control total de la armonía y los modos que va a utilizar en cada momento. Los músicos de jazz, por lo general, son más aplicados de lo que la gente suele pensar. Tienen rutinas de estudio muy disciplinadas en las que incluyen un minucioso estudio de la armonía musical y otro de sistematización de pasajes, solos y melodías.

Seguro que tienes en mente las famosas *jam sessions*. Esos encuentros informales en los que varios músicos (muchas veces desconocidos entre sí) se unen y comienzan a tocar. ¡Resulta asombroso cómo crean música increíblemente coordinada sin haber ensayado nunca antes!

Pues bien, esas improvisaciones conllevan muchas horas de estudio y preparación previa. Suena paradójico, ¿no? Todos ellos se han empapado de los diferentes modos y escalas en los que pueden tocar, conocen qué notas pueden emplear y cuáles no y, a menudo, transcriben y aprenden los solos de los mejores intérpretes, no únicamente en el tono original, sino que también los transportan a diferentes tonos para poder utilizarlos sea cual sea la tonalidad en la que los necesiten. Por tanto, para ser buenos improvisadores necesitan haber memorizado los modos y las armonías de los que disponen en cada momento, así como cientos (o miles) de patrones transportados a todas las tonalidades. ¡Es realmente admirable!

Si quieres iniciarte en el jazz te recomiendo emplear las aplicaciones del apartado anterior, además de las siguientes:

■ **SessionBand Jazz** (iOS): imagina montarte la *jam session* de la que hablábamos antes pero en casa. Esta aplicación permite crear bucles de acompañamientos jazz con instrumentos reales. El usuario únicamente tiene que indicar la estructura de la canción, los acordes que componen cada sección, el tempo y el compás. La aplicación se encargará de poner la música automáticamente y transportarla si es necesario. Además permite grabar nuestras improvisaciones con esa música de fondo y exportar las pistas a otros programas para crear nuestros propios temas, ya que la música que generan los bucles están libres de derechos de autor.

■ **Erskine Jazz Essentials**: esta aplicación, similar a la anterior, ofrece estándares en diferentes modos y estilos de jazz con piano, bajo y batería. Lo bueno es que tiene un mezclador incorporado y permite crear tu propio combo ajustando los niveles de los diferentes instrumentistas. Sobre estas bases podrás improvisar todo el tiempo que necesites. ¡Los músicos no se cansarán!

■ **iReal Pro** (Android, iOS): los amantes del jazz conoceréis o habréis oído hablar del *Real Book*, una recopilación de partituras de estándares de jazz hecha por los estudiantes del Berklee College of Music, la universidad de la que hablaba más arriba. Este libro se considera uno de los principales vehículos de transmisión del jazz y es indispensable en el repertorio de cualquier estudiante o músico de este género que se precie. Esta aplicación es una herramienta basada en este emblemático libro que permite gestionar, buscar y leer tus partituras favoritas de jazz, pero también sirve para ensayar con una banda completamente personalizable y que se puede transponer a cualquier tonalidad. Cuenta con 47 estilos diferentes de acompañamiento (swing, ballad, gypsy jazz, bluegrass, country, rock, funk, reggae, bossa nova, latin...) y doce estilos de blues. Asimismo puedes descargarte miles de canciones de Internet, editarlas o crear las tuyas propias para después escucharlas. También permite ver las digitaciones y tablaturas para piano, guitarra y ukelele. Por último, para estudiar se pueden crear *loops* en secciones de la partitura que resulten más complicadas, grabarse una vez salga bien, y compartir tanto las grabaciones como las partituras en diferentes formatos. En efecto, es una app imprescindible para los músicos de jazz. Algunas aplicaciones similares que también pueden interesarte son unRealBook, Fakebook Pro o iGigBook.

■ **Jazz ScaleHelper** (Android, iOS): antes hablaba de lo importante que es la técnica para los músicos de jazz. Controlar las escalas y las armonías es casi el pilar que sustenta su rutina de estudio. Esta aplicación permite crear un plan de estudios a partir de ejercicios técnicos propios de este estilo: escalas, modos, arpegios, etc. Lo mejor de la aplicación es que te escucha a través del micrófono y te ayuda a saber en todo momento qué escalas dominas más y cuáles menos.

 Consejo 19: El aire es el secreto

En el jazz se da mucha importancia a la cualidad tímbrica. Gustan los músicos que consiguen sacar al instrumento un sonido especial, diferente a todos los demás y, por regla general, con mucho aire en los instrumentos de viento, todo lo contrario a lo que se busca en el repertorio clásico. Para analizar tu timbre y obtener uno único puedes utilizar Spectrogram (Android, iOS), la aplicación sugerida en el bloque destinado a cantantes que analiza en tiempo real los armónicos que potenciamos con nuestro timbre.

Flamenco

Aunque no existe una fecha concreta que fije en qué momento surgió este estilo, sí se sabe que lo hizo en Andalucía como una herencia cultural de diversas etnias que convivían en aquella época: la castellana, la árabe, la judía y la hindú.

Este estilo ha enamorado y despertado el interés musical de todo el mundo, consolidándose como uno de los embajadores de la cultura española por antonomasia, junto con dos de sus principales elementos: la guitarra y el baile. Tal es la repercusión que ha tenido a escala internacional que la UNESCO lo ha declarado patrimonio de la humanidad, y actualmente se ofrecen clases de flamenco en todo el mundo, ¡hasta en Japón!

Si quisieras iniciarte en este estilo, hay algunas aplicaciones que te ayudarán a perder el miedo y saciar tu curiosidad:

- **Flamenco: Dr. compás** (Android, iOS): esta aplicación funciona a modo de metrónomo, pero en vez de emitir el pitido al que estamos acostumbrados improvisa un acompañamiento flamenco con palmas y cajón (¡con un sonido superrealista!). Aunque respeta el tiempo, los patrones, las palmas y demás irán cambiando como si alguien los estuviese improvisando junto a nosotros.

- **Soniquete** (Android, iOS): esta aplicación es una herramienta ideal para ensayar con palmeos. Lo que le diferencia de la anterior es que además de marcar el tempo hace remates y subidas de escobilla (cambios crecientes de tempo) sin tener que tocar el metrónomo. Para ello hay que seleccionar el número de compases lentos y rápidos que se quieren y su velocidad. También se puede personalizar el tipo de patrón de palmas que debe sonar en cada sección, así como la manera de contar los tiempos, que

puede hacerse como se hace en muchas academias de baile flamenco, empezando desde el 7 o el 8 o siempre desde 1. Todas
estas funciones pueden hacerse con 18 palos diferentes y 4 tipos
de bulerías: martinetes, seguiriyas, soleá, soleá por bulerías,
tientos, tangos, tanguillos, sevillanas, rumba, colombianas, fandangos, alegrías, jaleos, guajiras, bulerías cante, bulerías para
marcar, bulerías seguidas baile, bulerías en 12, farruca, tarantos
y garrotín. ¿Cómo se te queda el cuerpo?

■ **Flamenco Machine** (Android, iOS): esta aplicación es un secuenciador en el que podemos combinar en cinco pistas secuencias de guitarra, palmas, cajón y canto para crear bases instrumentales. Los resultados que se obtienen son realmente buenos,
ya que las grabaciones que utiliza son de músicos profesionales
reales. Como si de un puzle se tratara, no tenemos más que ir
arrastrando los fragmentos que nos interesan e ir «tejiendo» la
estructura de nuestra canción. Todas las secciones, con sus cinco pistas, quedarán perfectamente enlazadas entre sí creando
una base musical espectacular en pocos minutos, que luego podremos compartir en las redes sociales. Si quieres esta base instrumental para estudiar también puedes personalizar el tempo,
la afinación y el volumen de cada pista mediante su ecualizador,
e incluso jugar con los ajustes en tiempo real por si quieres servirte de ella directamente en un concierto.

■ **Palmas Flamencas** (Android): las palmas flamencas es una de
las técnicas que a mí siempre me han dejado sin palabras porque me parecen realmente complejas. Con esta aplicación puedes aprender a ejecutar los diferentes patrones rítmicos de palmas en distintos palos, como bulerías, alegrías, soleares, jaleos,

tangos, rumbas, fandangos, tanguillos, tientos y seguiriyas. Lo bueno de esta aplicación es que representa los ritmos en círculos con puntos equidistantes, haciendo muy visual su aprendizaje. También puedes elegir que muestre un pie llevando la pulsación, o con el metrónomo para que la práctica sea más completa.

- **Cajonazo** (Android, iOS): si has sentido alguna vez curiosidad por aprender a tocar el cajón, esta aplicación te va a gustar y va a ser una buena manera de practicar antes de tener uno entre tus piernas. Nos permite pulsar sobre un cajón y ver en tiempo real cómo las manos del músico cambian de posición y «golpean» el cajón en el sitio en el que le hemos indicado. Es una buena aproximación porque los sonidos son grabaciones de un cajón flamenco real. Así pues, podemos experimentar con las diferentes zonas del instrumento: si pulsamos en la parte superior del cajón producirá un sonido más agudo, y si bajamos, los sonidos se vuelven más graves. Igual que los de verdad. Además funciona mientras reproducimos la música de nuestro móvil, de modo que podemos probar a acompañar a nuestros músicos y cantantes favoritos para sentirnos como un músico más del escenario. Una aplicación realmente divertida.

 Consejo 20: El pulso por vibración

Si eres músico de flamenco y quieres acompañar a bailaores quizá te interese el metrónomo de la marca Soundbrenner. Este metrónomo funciona mediante vibraciones y va agarrado al brazo o a la pierna mediante una correa similar a la de un reloj de pulsera. Es recomendable para acompañar a bailarines porque permite sincronizar varios dispositivos, de manera que tú y varios bailarines podéis tener el metrónomo-pulsera en la muñeca y sentir las pulsaciones sincronizadas. Además, el bailaor no tendrá que preocuparse de no escuchar el metrónomo si en algún momento debe dar palmas o taconeos y le dificulta su escucha.

Música étnica

Cuando hablamos de música étnica no podemos evitar pensar en lugares exóticos alejados de nuestra cultura. El concepto de música étnica lo utilizó por primera vez el musicólogo holandés Jaap Kuns en 1950, refiriéndose a las músicas no occidentales, y es con esta misma acepción con la que hoy en día empleamos desde Occidente esta expresión.

Este tipo de música es posiblemente la que más problemas en el ámbito de la formación musical ha sufrido en los últimos años. Hasta hace unas décadas era casi imposible acceder a escuelas o academias que formaran en esta disciplina, y conseguir un profesor cualificado resultaba muy complicado.

Sin embargo, en los últimos años ha proliferado el interés por este género y cada vez son más las academias y centros de enseñanza musical básica que ofrecen actividades de baile y música étnica o de otras culturas.

Hay un abanico amplísimo de instrumentos y subgéneros bajo la acepción de música étnica. Si te interesa comenzar en este tipo de música hay algunas aplicaciones que te pueden facilitar un poco el proceso, sobre todo a conocer algunos de los instrumentos más característicos:

■ **DrumJam** (iOS): es un secuenciador multipistas con secuencias grabadas con instrumentos étnicos reales, cada uno con diversos patrones diferentes que puedes combinar entre sí. Además la aplicación cuenta con un mezclador integrado desde el que se pueden cambiar los niveles de cada pista, alterar la panoramización, silenciar instrumentos o ajustar un filtro de paso bajo, lo que le proporciona un elevado grado de flexibilidad sobre cada parte individual. También se puede personalizar el número de compases para cada sección y programar cambios de ritmos y compás. Incluye instrumentos como la kanjira, el ghatam, el djembe, los bongos, el dube y el cajón, entre otros. Por último, también permite guardar y exportar las pistas que hayas creado y exportarlas a otra aplicación de audio con formatos compatibles y de gran calidad, como el WAV de 44.1kHz y 16 bits.

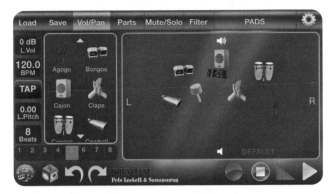

- **Shehnai HD, Santoor HD** y **Tabla HD** (iOS): son aplicaciones independientes, pero del mismo desarrollador. Todas ellas emulan diferentes instrumentos en la pantalla de tu dispositivo y permiten que experimentes con ellos, te grabes y compartas tus creaciones.

- **Tabla Percussion** (Android): esta aplicación simula un kit de percusión indio. La tabla es posiblemente el instrumento de percusión más extendido en la India; consiste en dos piezas y es similar a un bongo. Por lo general es utilizada en música religiosa o de meditación. La aplicación también incluye 10 tutoriales sobre ritmo hindú y bucles instrumentales para acompañar tus interpretaciones. Asimismo puedes grabarte grabarte y exportar el resultado a otras aplicaciones.

- **iTablapro**: similar a la aplicación anterior, pero con pretensiones más profesionales. iTablapro permite simular mediante sonido real que tocas la tabla o el tanpura de cinco cuerdas (un instrumento de cuerda de origen indio). Lo bueno es que si conectas un instrumento MIDI a tu dispositivo puedes hacerlo sonar desde tu instrumento (por ejemplo, desde un teclado electrónico) para tocar melodías más complejas de forma más cómoda. También incluye metrónomo y un mezclador multipista con todas las funciones para ajustar cada instrumento de modo independiente (ecualizador, volumen, panorámica).

 The Clave: metrónomo que sustituye el pitido por patrones rítmicos de rumba, dos estilos diferentes de afro (6/8) y bossa nova. Lo que hace interesante esta aplicación es que nos muestra el patrón que se va a reproducir en notación musical, con cada tiempo marcado mientras se reproduce, de manera que podemos aprender a tocarlos también nosotros leyendo en partitura. Por supuesto –como buen metrónomo– se puede modificar el tempo, pero también cambiar el sonido, ajustar el volumen y utilizarla en segundo plano para combinarla con otras aplicaciones.

Consejo 21: Las escalas también cuentan

La música étnica no solamente se caracteriza por los instrumentos que la interpretan, también por los sistemas de afinación que emplean, así como por los modos o las escalas. Infórmate sobre las escalas que se utilizan en la música que quieres tocar y utiliza las aplicaciones ScaleMaster (iOS) MusicScalesDavidKBD (Android), Scales & Modes (Android, iOS) o ScaleGenerator (iOS), e iImprov Chord/Scale Compendium (iOS) para aprenderlas con el instrumento.

Música electrónica

La música electrónica está viviendo su época de esplendor, especialmente por el protagonismo que han adquirido los *disc jockeys* o DJ en el panorama musical actual.

Los orígenes de los DJ se remontan a comienzos del siglo xx, de la mano de Ray Newby, un joven locutor que comenzó a utilizar música grabada (discos de vinilo) para sus programas de radio. Esta práctica gustó a los oyentes y otros locutores comenzaron a imitarle. Uno de ellos fue Martin Block, que empezó a utilizar música en su programa de radio pero de forma continuada (uniendo un disco tras otro) haciendo creer a los oyentes que transmitía desde una sala de baile con los artistas más punteros de la época en directo y en exclusiva para su programa Make Believe Ballrom.

Su programa, aunque se basaba en un hecho ficticio (la música no era en directo) alcanzó gran fama y le convirtió en el primer *disc jockey* (término con el que se le acuñó) famoso de la historia.

Años más tarde, las antiguas salas de baile comenzaron a sustituir a los músicos en vivo por una colección de discos que un *disc jockey* seleccionaba. Sin embargo, a diferencia de lo que pasa hoy en día, los DJ permanecían en el absoluto anonimato y no tenían otro tipo de protagonismo o influencia sobre la música que sonaba que su selección y su sincronización para el fundido final e inicial entre disco y disco.

Esto cambió cuando Kool Herc, un joven DJ jamaicano, decidió extender los finales de las canciones con el *breakbeat*, es decir, con la parte instrumental rítmica (sin letra ni melodía) de la canción para que sonara en bucle tantas veces como él deseaba y dejar que raperos y *breakdancers* mostraran sus habilidades sobre una base rítmica homogénea.

Tras él muchos otros DJ comenzaron a modificar y experimentar con la música de los discos, en vez de limitarse a fundir los comienzos y finales. Por primera vez empezaron a convertirse en creadores musicales. Una de las aportaciones que más influiría en este estilo de música fue la del DJ Grand Wizard Theodore, quien inventó el famoso efecto del *scratching*, sonido que se producía cuando se «rascaban» los discos de vinilo moviéndolos hacia delante y hacia atrás sobre un tocadiscos.

Desde entonces los DJ comenzaron a crear y producir sus propios temas, incluyendo, además de secciones rítmicas y grabaciones de diferentes temas ajenos, melodías propias, creando lo que hoy en día conocemos como *remix*. Comenzaron a formar parte de la música que sonaba, lo que les llevaba a cobrar protagonismo absoluto en la escena de las salas de baile y discotecas.

Tal es su influencia que hoy en día muchos grandes artistas prestan su música a los DJ más importantes para que creen su versión *remix*, auténticos *collages* de estilos que les permiten sonar en las pistas de baile sin importar que sean cantantes o músicos de pop, jazz, rap, o clásica. Esto ha permitido que grandes artistas se den a conocer, como es el caso de la cantante Sia, a quien su primera colaboración con el archiconocido David Guetta la lanzó a la fama como solista internacional, siendo hoy en día una de las cantantes más reconocidas, influyentes y poderosas de la industria de la música.

Pero este no es el único caso de artistas lanzados por DJ, hay otros que han sido rememorados, como la gran Etta Jones, cantante de góspel que, de manera póstuma, puso voz al último tema de Avicii «I Got You», o el italiano Renato Carosone, que con su canción «Tu Vuò Fa' L'Americano», grabado en los años cincuenta, ha conquistado las pistas de las discotecas de la época *millenial* con el éxito «We No Speak Americano» del dúo australiano Yolanda Be Cool y el productor DCUP.

Si te apetece traer de vuelta algún antiguo tema con aires renovados y electrónicos, quieres lanzar a algún músico a las pistas de baile o simplemente te gustaría hacer mezclas de tus propios temas, estas aplicaciones pueden echarte una mano:

- **Cross DJ** (Android, iOS): es una de las aplicaciones mejor valoradas del mercado. Esto puede que se deba a que su desarrollador es Mixvibes, una empresa con prestigio en la creación de productos profesionales para DJ. Esta aplicación promete la mejor sincronía entre canciones, ya que posee un algoritmo de detección del bpm (tempo) de las dos pistas que mezcles y la posibilidad de modificarlas sin que el tono de tu canción se vea afectado. También permite escuchar por los auriculares las pistas antes de mezclarlas con la que está sonando para que no haya errores, por lo que puede utilizarse para «pinchar» en directo. Si no tienes experiencia también puedes utilizar la función Automix, que automatiza la mezcla encontrando la mejor manera y el mejor momento. Tiene una versión gratuita y otra de pago con más prestaciones.

■ **DrumPads** (Android, iOS): con una de las interfaces más sencillas y fáciles de manejar al estilo *launchpad* –dispositivo electrónico con botones cuadrados que al accionarlos ejecutan un sonido previamente configurado– puedes crear melodías, bucles,
ritmos y combinaciones de sonidos con las yemas de tus dedos.

■ **DJay 2** (Andoid, iOS): con esta aplicación podrás mezclar canciones directamente desde Spotify en *streaming* y añadirle efectos, sonidos y voces de la amplia biblioteca con la que cuenta.
Por supuesto tiene todas las funciones de una aplicación de estas características: efectos de sonido, mezclador, ecualizador,
reconocimiento del bpm de las canciones, filtros, etc. Pero sin
duda lo mejor de esta aplicación es que puedes crear *remixes* de
cualquier canción que haya en Spotify.

■ **Edjing Pro** (Android): al igual que en la aplicación anterior po-
díamos utilizar la biblioteca de Spotify, con esta podemos servirnos de la de Deezer y SoundCloud, además de las canciones
almacenadas en nuestro dispositivo. Cuenta con diversos efectos de sonidos y bases rítmicas, detección automática del bpm
de todas las canciones, ajuste manual del tempo y multitud de
efectos de audio y filtros para mejorar el sonido. Si no quieres
complicarte tanto también cuenta con el modo Automix, que
mezcla y hace las transiciones sin interrupciones entre las pistas
sin que tú tengas que preocuparte por nada.

Consejo 22: Aprovecha la fusión

Tranquilo, esto no es un anuncio de ninguna empresa de telefonía. Si te gusta la música electrónica pero, además, sabes crear otro tipo de estilos muy diferentes como clásica, jazz o música étnica, es muy recomendable que mezcles estos estilos para distinguirte de los demás y tengas más opciones de desarrollar una carrera musical. El artista Tokio Myers, por ejemplo, se alzó como ganador del concurso Britain's Got Talent tocando el piano, pero sorprendió a todos al añadir potentes bases rítmicas a sus interpretaciones clásicas.

6

APPS PARA LANZAR TU CARRERA COMO MÚSICO

Ser músico es maravilloso, pero no es un camino de rosas. Estudiar la carrera completa de música requiere mucho esfuerzo, implicación y sacrificio. No solo porque es una disciplina complicada y requiere muchas horas de estudio (dejándonos con menos horas para el ocio), sino porque es un mundo altamente competitivo.

Desde bien pequeños debemos asumir la competitividad y realizar pruebas que determinan quién vale y quién no para acceder a los estudios reglados del conservatorio (prueba que generalmente se hace a los 12 años), y una vez en el conservatorio soportamos las dificultades para compatibilizar los estudios oficiales (el instituto) con las enseñanzas artísticas.

¡Cuántas veces tenía un examen al día siguiente en el instituto, pero tenía la tarde ocupada (hasta la noche) con clases en el conservatorio y no pude estudiar tanto como hubiese querido!

Por suerte, este tipo de experiencias nos fortalecen, y nos sirven como una gran preparación para lo que en realidad es el mundo laboral una vez te haces adulto. Las pruebas de acceso al conservatorio en nuestra niñez son pruebas duras, pero poco tienen que ver con lo que suponen las oposiciones de acceso al funcionariado, las pruebas de selección a grandes orquestas, audiciones para las grandes compañías de ópera o de musicales o los procesos de selección que realizan las grandes firmas discográficas.

Ahí es donde realmente te das cuenta de que sí, los artistas hemos nacido para luchar hasta el último momento. Viéndolo en perspectiva, me doy cuenta de que nuestra formación nos forja y nos hace personas extremadamente sensibles, pero con un gran sentido del sacrificio y la responsabilidad.

Muchas personas ajenas al ámbito artístico pueden pensar que triunfar en la música es cuestión de «que se te dé bien y de tener una cara bonita», ignorando o despreciando la grandísima competitividad que existe. ¡Qué error más grande!

Triunfar en la música es mucho más que eso. Es, en primer lugar, tener los conocimientos y los años de preparación necesarios para alcanzar un nivel profesional, que además destaque por encima de otros profesionales igual de preparados; en segundo lugar, soportar la presión que supone tener cientos, miles, o cientos de miles de personas con un perfil similar al tuyo luchando por ocupar el puesto que tú mismo ocupas, y por último, soportar las exigencias de la industria, que te va a reclamar la máxima calidad en cada momento, así como un comportamiento intachable y carismático, además de un físico cuidado y un estilismo rompedor.

Lanzar una carrera como músico hace unos años era complicado, porque dependías de terceros. Hoy en día es mucho más fácil de lo que puedes imaginar. Lo difícil es que ese lanzamiento alcance la altura que deseamos y después soportemos lo que una carrera de esa talla conlleva. Pero no por ello debes dejar de intentarlo. ¡Veamos a continuación algunas aplicaciones que pueden ayudarte a ello!

Apps para compositores

Si te gusta componer, sea el estilo que sea, debes tener nociones musicales y practicar mucho. Solo así conseguirás definir tu propio estilo y que la audiencia te escuche y reconozca tu «algo» característico. Si deseas llegar a ese punto, lo mejor es que comiences a crear ya mismo. Para ello hay diversas aplicaciones muy interesantes que te pueden ayudar a desatar tu creatividad y poner rienda suelta a tu imaginación.

El primer paso es materializar todas tus ideas en música. De nada sirve que se nos ocurra una idea brillante y que quede anclada en el olvido. ¿Cuántos compositores han pasado a la historia con una melodía inicial de tan solo unos segundos? Ninguno, todos ellos han tomado esa idea y le han dado forma hasta transformarla en una obra, pieza o canción completa.

Por tanto, toda obra maestra nace de una idea original, por breve que sea. Cuando tengas una idea, regístrala estés donde estés. El problema es que la inspiración puede llegarnos en cualquier momento, pero es en estos casos cuando el dispositivo móvil es nuestro mejor aliado, sobre todo si tienes estas aplicaciones:

- **ScoreCloud** (iOS): es sin duda la aplicación por excelencia para no olvidar nuestras ideas musicales. Asimismo, si eres compositor y utilizas la notación musical para escribir tus composiciones, esta aplicación te va a sacar de más de un apuro. Con ella podemos tocar, cantar o silbar una melodía al micrófono del móvil y automáticamente nos convertirá esa idea en notación musical. Por tanto, no solo nos sirve para guardar nuestras ideas si la inspiración nos llega en mitad de la calle, sino que también nos sacará de dudas cuando no sepamos transcribir esos intervalos tan extraños o esos ritmos tan ambiguos que nos acaban de venir a la mente. No te preocupes por la complejidad de tus ideas, ScoreCloud reconoce todo tipo de compases compuestos, síncopas, ritmos libres, etc.

- **Hum On** (Android, iOS): si la anterior aplicación te ha dejado con ansias de probar la experiencia de transcribir tus canciones cantándole directamente a tu móvil Android, no te preocupes, Hum On también lo hace posible. Esta increíble aplicación no solo transcribe a música lo que cantes o silbes sino que reconoce la armonía que mejor le puede acomodar y añade un acompañamiento instrumental en diversos estilos musicales (orquestal, rock, pop...).

- **Chordana Composer** (Android, iOS): otra aplicación desarrollada por CASIO que nos permite transformar nuestras melodías cantadas en notación musical.

■ **Bloc Musical** (iOS): esta aplicación parte de la misma idea que las anteriores (no olvidar tus ideas) pero nos ofrece otra manera de enfocarlo. Con ella puedes grabar tus ideas musicales con tu voz o cualquier otro instrumento desde el micrófono del móvil. Al finalizar la grabación la aplicación detectará el tempo, el estilo y los acordes y te ofrecerá al instante un acompañamiento musical de una batería y bajo para que te hagas una idea realista de cómo suena tu idea con más instrumentos. Puedes modificar la armonía que te proponen, escribir una letra, añadir comentarios o exportar la idea a GarageBand para llevar tu canción a un nivel más elevado.

■ **Chord Detector** (iOS): esta aplicación permite analizar los acordes de cualquier canción. Imagina que estás improvisando una canción con la guitarra o el piano y te sale una buena armonía. Si tienes Chord Detector no tendrás que pararte a pensar en qué acordes has tocado, solo en grabarte para después obtener esa información desde la aplicación. Pero Chord Detector es mucho más útil, ya que reconoce los acordes de cualquier canción que tengamos en nuestra biblioteca musical, de un vídeo de YouTube o una canción de SoundCloud. Por tanto, no solo podemos analizar la armonía de nuestras ideas, sino también aprender la de prácticamente cualquier canción.

Hay veces que, por el contrario, no encontramos la inspiración en ningún sitio. Ya podemos pasar horas y horas dando vueltas a una idea que no sabemos cómo mejorarla o desarrollarla. Una buena manera de desbloquear la creatividad es probar incansablemente, sentarse al instrumento y tantear cosas al azar. Si esto no sirve, posiblemente alguna de estas aplicaciones puedan ayudarte:

■ **Melody Machine** (Android): una aplicación imprescindible para los momentos en que no nos viene ninguna idea a la mente. Con ella obtendremos melodías cortas que podremos guardar y escuchar en cualquier momento. Puedes definir sobre qué parámetros quieres que genere melodías, el número de notas, el compás, el intervalo de notas entre el que debe estar, el tempo o si queremos que tenga síncopas.

- **WolframTones** (web): este recurso web permite generar música aleatoria asignando unos parámetros como la tonalidad, la duración, los instrumentos o la configuración del algoritmo que lo va a generar. Perfecto para obtener ideas cuando las musas no nos acompañan.

- **Suggester** (iOS), **Chord Progression Master** (Android) y **ChordBot** (Android, iOS): estas aplicaciones te ayudan a encontrar la mejor armonía para tus canciones. Muchas veces no sabemos cómo resolver unos acordes o no nos convence la combinación en una progresión. Estas apps te sugerirán qué acordes puedes utilizar para que tu canción funcione. Son realmente sencillas de utilizar: indica el acorde o la melodía de la que partes y la aplicación te hará sus sugerencias. Arrastra y reordena los acordes a tu gusto y cuando estés satisfecho guarda tus armonizaciones para continuar con tu composición.

- **Songwritters Pad** (Android, iOS): si tus composiciones requieren letras, esta aplicación es la mejor herramienta de la que puedes servirte para crearlas. Con ella podemos escribir letras, guardar frases que nos hayan gustado para futuras canciones, encontrar rimas a cada verso, sinónimos para no repetirnos, generar palabras y frases en función del estado de ánimo que pretendemos transmitir o insertar los acordes que deben sonar en cada momento. Pero todo esto no solo de forma escrita, también grabándonos en audio para que la parte musical de cada idea quede clara.

- **JamStudio.com** (web): con esta sencilla herramienta no se necesitan conocimientos musicales para componer tus melodías, solo tienes que seleccionar los instrumentos, combinarlos a tu gusto y variar los tonos... La pega es que para descargar las canciones que compongas, hay que desembolsar cierta cantidad de dinero.

- **AmpleDesign**: es capaz de generar melodías bastante agradables tan solo moviendo el ratón por la pantalla. Dispone de ocho instrumentos que puedes activar y combinar como quieras, además de variar el retraso y el volumen de cada sonido. Lástima que no se puedan guardar los resultados obtenidos.

Otra manera de desbloquear la creatividad es compartiendo las ideas y desarrollando las composiciones de forma conjunta. Esto que puede resultar extraño en el ámbito de la música clásica, es algo muy común en la de otros estilos, especialmente en los grupos de música en los que todos los miembros colaboran en la composición de los temas. Para componer de forma colaborativa existen plataformas y aplicaciones donde puedes poner tus ideas y recibir colaboraciones de otras personas con tus mismas inquietudes: ¡crear!

■ **Kompoz**: esta plataforma es ideal si quieres iniciarte en una composición, tienes una idea pero no sabes cómo seguir ni qué instrumentos añadirle. Con esta plataforma los usuarios podrán escuchar tu idea y añadirle más instrumentos o voz desde cualquier parte del mundo. Después, puedes incluso poner a la venta el resultado a través de la plataforma SoundBlend.

■ **Looplabs**: una plataforma muy similar a la anterior, con la misma filosofía de creación en conjunto con los miembros que forman parte de su comunidad.

Una vez las ideas van apareciendo conviene plasmarlas en partitura. Es la forma universal para que cualquier músico pueda comprender nuestra idea y que también nosotros podamos recordarla exactamente tal y como la pensamos en el primer momento. Posiblemente, las herramientas de edición de partituras más extendidas y profesionales son Finale y Sibelius, pero existen otras opciones web y aplicaciones que pueden servirte como editor de partituras, sobre todo si quieres componer fuera de casa y no tienes a mano tu ordenador. Estas son algunas de ellas:

■ **Noteflight o MuseScore**: estas son dos plataformas web con las que no solo podrás editar tus composiciones, sino que además es una red social en la que los usuarios comparten y opinan sobre partituras, arreglos, composiciones, etc.

■ **Notateme now** (Android, iOS) / **Staffpad** (Windows): ambas aplicaciones consiguen algo deslumbrante, que es nada más y nada menos que escribir partituras dibujando las notas sobre el papel pautado directamente en la pantalla de nuestro dispositivo. A medida que escribes las notas con un lápiz táctil, estas aplicaciones las reconocen y las convierten en una partitura digital lista para ser impresa y compartida al momento.

 Score Creator (Android, iOS), **Notation Pad** (Android, iOS), **Notion** (iOS) o **Ensemble Composer** (Android): todas estas aplicaciones son herramientas útiles para componer desde nuestro dispositivo móvil, estemos donde estemo, ya que están diseñadas para este fin, ofreciendo menús cómodos de utilizar desde la mano y diversas herramientas propias de los programas de edición de partituras.

Consejo 23: Grábate siempre

Este consejo posiblemente te parezca descabellado, pero piensa en las veces que se te ha ocurrido una idea genial en la ducha y no tenías el móvil a mano. Si eres de los que se sienten inspirados en el momento más inoportuno como es la ducha o el coche, activa la grabadora siempre que vayas a entrar y grábate el tiempo que estés allí. De este modo evitarás olvidar una idea brillante a los cinco segundos. Si la sesión no ha sido provechosa, simplemente borra la grabación y no te ocupará espacio ni memoria del teléfono.

Apps para hacer *covers*

Para triunfar en la música no es necesario que compongas tus propios temas. En los últimos años se ha puesto muy de moda el fenómeno *cover*, que no es más que versionar o reinterpretar canciones de grupos o artistas ya conocidos, preferiblemente cambiando el estilo o el carácter.

Este fenómeno ha lanzando a la fama a muchos instrumentistas y cantantes, que comenzaron grabándose en el salón de su casa y han acabado con una buena lista de discos propios y reconocimiento mundial a sus espaldas. Este es el caso de Pablo Alborán, Ariana Grande o Boyce Avenue, entre muchos otros.

Muchas agrupaciones instrumentales también han sabido ver un filón en las *covers*. The Piano Guys, 2Cellos o PostModernJukebox, en su mayoría músicos clásicos que han sabido explotar esta opción fusionando estilos y construyendo todo un imperio de fans y seguidores a ritmo de la música comercial del momento. Si crees que esta puede ser una forma de darte a conocer como músico, tienes que echar un vistazo a estas aplicaciones:

- **MusicStats**: en primer lugar, es importante que conozcas muy bien los temas que vas a versionar, pero también que seas consciente del estilo con el que te vas a encontrar más cómodo. Podrías hacer una versión *heavy* de «La Primavera» de Vivaldi o una versión coral de «Bohemian Rhapsody» de Queen. Los límites los pones tú, pero es importante que tengas claro tu estilo. Para ello puedes utilizar MusicStats, una aplicación que te permite ver estadísticas en detalle sobre tus hábitos de escucha de música, para conocer qué canciones, artistas o géneros oyes más a menudo. Seguramente estos datos te ayudarán a definir el estilo de música con el que disfrutas más.

- **Spotify**, **Apple Music** o similar: una vez tengas definido el estilo de música en que versionarás tus temas es importante que selecciones las canciones que deseas versionar. Si tu pretensión es lanzar una carrera profesional, debes versionar canciones u obras que vayan a tener repercusión mediática. De poco servirá que versiones temas propios o de un compositor minoritario. Intenta buscar temas importantes que hayan perdurado en la historia. Las aplicaciones de música en *streaming* generalmente tienen rankings que te permiten conocer lo más escuchado en cada país, época o género musical.

- **Chordify**, **Chord Detector** o similar: ya he hablado de estas aplicaciones anteriormente, y hay más que ofrecen lo mismo. Analizan cualquier audio o canción que tengamos en nuestra biblioteca y nos muestran los acordes, de manera que podemos conocer la armonía de nuestras canciones a versionar y comenzar a hacer nuestros arreglos y versiones.

- **Acapella**: una vez tengamos las melodías y armonías claras deberemos dejar claro qué instrumento va a hacer cada voz. Mu-

chas veces no tenemos un grupo y somos nosotros mismos los
que interpretamos todas las voces. Una aplicación que nos permite, además de grabar varias pistas a la vez, mostrarnos en vídeo haciéndolo es Acapella, una app que ha conseguido hacer
viral a más de un multiinstrumentista o a cantantes que se han
montado su propio coro multitudinario grabando una voz sobre otra.

▧ **Looper** (Android) o **Loopy HD** (iOS): la técnica explicada en la
aplicación anterior es una manera bastante extendida de hacer
covers cuando no disponemos de varios músicos y somos nosotros quienes interpretamos todas las voces. Una buena forma de
mostrarlo en directo es con aplicaciones que reproducen en bucle lo que grabamos. De este modo podemos ir voz a voz generando un bucle que se reproducirá hasta que nosotros queramos conformando la base musical de nuestras interpretaciones.

▧ **MusiXmatch** (Android, iOS): si lo único que quieres es cantar y
dejar que la música corra a cargo de terceros (hay muchos músicos que ofrecen bases instrumentales para que la gente grabe
sobre ellos sus *covers*), te recomiendo en primer lugar que me-
morices bien las letras de la canción de la que quieres realizar la
cover. MusiXmatch es la mejor opción, ya que te muestra la letra
de forma sincronizada mientras la reproduces desde tu móvil, o
incluso la detecta mediante el micrófono sonando desde otro
dispositivo.

▧ **YouTube** (Android, iOS): esta plataforma es una inagotable
fuente de bases instrumentales (karaokes) de casi cualquier canción. Muchos de sus creadores permiten utilizar su música para
grabar *covers* sobre ellas. Basta con que busques el nombre de la
canción y añadas «instrumental» o «karaoke» al final para obtener varias.

▧ **Smule** (Android, iOS): una opción que a día de hoy también ha
ganado muchos adeptos es la de hacer versiones a dúo con los
cantantes originales de tus canciones favoritas. ¿Imaginas cómo
quedaría tu voz junto con la de ese cantante al que tanto admi-
ras? Smule ha conseguido que dejes de imaginarlo y lo escuches.

■ **Wurrly**, **Sing! Karaoke**, **Red Karaoke**, y similares: existen multitud de aplicaciones al estilo karaoke para que cantes tus canciones preferidas. Todas ofrecen la opción de grabarte mientras cantas, así que con ellas también puedes versionar tus canciones y crear *covers* para subirlas a Internet y probar suerte en el mundo de la música.

 Consejo 24: Ten una voz multiinstrumental

Si quieres realizar *covers* pero solamente sabes cantar, Imitone es la solución. Esta increíble herramienta para Mac y PC permite tocar cualquier instrumento que tengamos en nuestra biblioteca de sonidos MIDI mediante nuestra voz o silbando. Es decir, podemos grabar una pista de violín entonándola con nuestra voz al micrófono. El resultado es asombroso, ya que puedes «cantar» con cualquier instrumento, tanto de viento, y cuerda como de percusión. ¡Te recomiendo encarecidamente que busques vídeos para comprobar con tus ojos el asombroso resultado!

Graba tu maqueta con calidad profesional

Tanto si realizas canciones u obras propias como si interpretas composiciones de terceros, un aspecto fundamental para conseguir que tu proyecto musical salga adelante es que las grabaciones que realices sean de la mejor calidad posible. Hoy en día no podemos permitirnos el lujo de subir contenido con aspecto descuidado y pretender que de ahí nos lluevan ofertas de empleo y un séquito de fans.

Como he comentado anteriormente, muchos grandes artistas han triunfado subiendo contenido a Internet desde su propia habitación, de manera que si nuestro objetivo es mostrar nuestra música al mundo e intentar comenzar una carrera musical tampoco es necesario que acudamos a un estudio de grabación profesional y nos dejemos miles y miles de euros en él. Con tener buen criterio a la hora de elegir las mejores grabaciones y contar con un equipo decente con el que grabarnos bastará.

Los teléfonos mejoran a pasos agigantados la calidad de sus complementos, como la cámara y el micrófono. Por ello ya existen apps de grabación que ofrecen resultados muy buenos:

- **reSonare** (iOS): esta es una de las aplicaciones de grabación que yo recomiendo encarecidamente a los usuarios de iOS. Diseñada expresamente para grabar instrumentos clásicos desde nuestro teléfono en mono o estéreo, esta aplicación de origen español se posicionó tras su lanzamiento como una de las aplicaciones musicales más descargadas. Esto no resulta extraño cuando se comprueba la calidad sonora con la que permite grabar y masterizar desde nuestro móvil (puedes encontrar ejemplos en su web). Además, cuenta con unos ajustes preconfigurados para ecualizar la grabación en función del instrumento que estemos grabando. Estos preajustes han sido desarrollados con la ayuda de músicos y técnicos profesionales que han determinado los parámetros que más favorecen al resultado. Viene con una guía para conocer el mejor posicionamiento del móvil para grabarnos y conseguir la mejor calidad de sonido. Muy recomendable. También podemos utilizarla con un micrófono externo para dispositivos iOS, como el iRig Mic, o con un micrófono profesional mediante el IK Multimedia iRig.

■ **LEWITT Recorder** (iOS): diversas compañías de micrófonos se han animado a crear aparatos que puedan conectarse al *smartphone*. LEWITT ha creado una aplicación de grabación profesional que puede utilizarse con el micrófono de nuestro *smartphone*, pero que obtiene resultados completamente profesionales si también utilizamos sus micrófonos y el adaptador específico para *smartphones*. La aplicación ofrece, además de las funciones básicas de grabación, otras avanzadas, como zoom de onda, marcadores, funciones de edición o medición PPM entre otras.

■ **Handy Recorder** (iOS): la casa ZOOM también se ha animado a crear su aplicación de grabación para complementarla con su saga de micrófonos Zoom iQ, con los que podemos grabar audio de calidad directamente desde nuestro dispositivo iOS.

■ **Grabadora** (Android, iOS): puedes utilizar la grabadora de tu teléfono sin más (o tu app de grabación preferida) con un micrófono externo profesional. Si tienes uno por casa, puedes conectarlo al móvil por medio de un adaptador como el Saramonic SmartRig.

Con estas aplicaciones la calidad de la grabación nunca más va a suponer un obstáculo para que lancemos nuestra música al mundo y nos demos a conocer. Una vez decidas cuál es la mejor manera de grabarte, es hora de que edites el audio para dejarlo impoluto.

Aunque no lo creas, los editores de audio pueden hacer sobre tu grabación lo mismo que el Photoshop sobre tus fotografías. Desde aplicar reverberación si la sala donde hemos grabado es demasiado «seca», hasta corregir la afinación o eliminar notas falsas. Obviamente las funciones dependerán del programa que empleemos, que estará condicionado por el presupuesto. En muchos también podemos tocar instrumentos virtuales para añadir toda una orquesta, percusión, guitarras o coro a nuestras grabaciones. ¡Es verdaderamente impresionante lo que se puede conseguir! Algunos editores de audio que te recomiendo son:

■ **Garageband** (iOS): es la aplicación musical predilecta para Apple, ya que es muy sencilla de utilizar y consigue resultados muy profesionales. Tiene además una aplicación móvil con la que podemos tocar (y grabar) multitud de instrumentos de varias pistas. Es mi aplicación preferida.

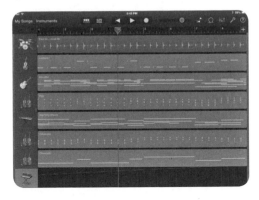

■ **Walk Band** (Android): es la homóloga de la aplicación anterior para teléfonos Android. Completísima en instrumentos virtuales para grabar directamente desde la aplicación, podemos también grabar y aplicar filtros a nuestras grabaciones desde el micrófono.

■ **Audio Evolution Mobile** (Android, iOS): es posiblemente uno de los secuenciadores de audio más completos que hay. Además de grabarnos mediante micrófono también podemos hacerlo con instrumentos virtuales de la aplicación. Tiene además muchas prestaciones para realizar mezclas y editar el sonido.

■ **Audiobus** (iOS): esta aplicación no es un editor de audio, pero es muy recomendable si vas a utilizar varias aplicaciones para grabarte, añadir efectos o partes instrumentales, etc. Audiobus permite conectar todas las aplicaciones de música entre sí como si lo hiciéramos mediante cables.

Consejo 25: Elige el lugar de grabación

Para grabar maquetas caseras podemos tener mejores o peores recursos materiales, y esto influirá en mayor o menor medida en nuestro resultado. Sin embargo, la sala donde grabemos puede suponer todo. Una buena sala puede hacer que con unos recursos «básicos» obtengamos un sonido espectacular, mientras que una sala mala puede hacer que unos micrófonos carísimos no sirvan de nada. Cuida mucho el sitio donde grabes, analiza la reverberación que hay. Un cuarto vacío tendrá mucha, ya que al tener las paredes descubiertas las ondas rebotarán y «repetirán» nuestro sonido; sin embargo, en un cuarto con estanterías habrá poca, ya que los libros absorberán parte de las ondas impidiendo que reboten. También influirá en el resultado el ruido que se perciba en el interior de la sala. Procura que esté insonorizada, ya que el ruido de una moto o de los vecinos discutiendo puede arruinar todo el trabajo.

Puedes servirte de una aplicación de sonómetro para analizar el ruido de fondo del espacio que vas a elegir.

Haz tus propios videoclips

Si tuviera que definir la era en la que vivimos con una palabra posiblemente escogería «imagen», por mucho que sea músico. Estamos en la era de lo visual, tras la llegada de los televisores y los ordenadores, los *smartphones*, las tabletas y las redes sociales las imágenes han conquistado nuestro día a día y lo han hecho para quedarse. La televisión está evolucionando hacia formatos más interactivos en los que el consumidor sea el protagonista absoluto, y las grandes compañías están apostando por tecnologías que hagan de nuestra experiencia visual toda una aventura, como es el caso de los vídeos en 360° o las gafas de realidad virtual. Por ello debemos ser conscientes de que uno de los motores más importantes para promover nuestra música ha de basarse en esto: la imagen.

Acompañar la música de imágenes no es algo nuevo, muchos compositores aludían a imágenes o colores en sus composiciones a causa de la sinestesia. Este fenómeno neurológico consiste en la percepción sensorial en una parte del cuerpo a consecuencia de un estímulo aplicado en otra. Por ejemplo, percibir colores al escuchar música o visualizar alimentos con tan solo olerlos.

Con la llegada del vídeo muchos compositores colaboraron para fusionar los dos artes –visual y sonoro–, como harían Schönberg (compositor) y Kandinsky (pintor) a principios del siglo xx.

Por lo tanto, una buena manera de promocionar nuestra música es uniéndola a imágenes, ya sea por medio de videocreaciones o de videoclips tal y como los conocemos hoy en día, en los que se muestra a los intérpretes mientras «hacen» la música, a actores representando una historia o ambas combinadas.

Es muy importante que decidas qué tipo de vídeo quieres hacer. Ten en cuenta que no es lo mismo hacer una grabación en audio y vídeo mostrando cómo tocas (interpretando), que es comparable a grabar un concierto en directo, a grabar un videoclip en el que el audio ha sido previamente grabado y los músicos «actúan» frente a la cámara como si estuviesen tocando. Veamos primero los dos formatos y después las aplicaciones.

Vídeo «interpretando»: es el formato más común en música clásica o en versiones acústicas donde se quiere demostrar que no hay manipulación en las interpretaciones. Consiste en grabar la música junto con el vídeo en la misma toma, lo que permite pocos movimientos de cámara (ya que los ruidos pueden perjudicar la calidad del sonido), por lo que hay que utilizar preferentemente trípodes. Esta limitación da pie a una menor creatividad visualmente, sin embargo permite mostrar con gran fidelidad lo que el músico está ejecutando.

Como en el caso del sonido, con tu dispositivo móvil puedes crear vídeos de este tipo sin tener que hacer grandes inversiones de dinero. Para ello, en primer lugar te recomiendo utilizar como mínimo dos dispositivos móviles. Con uno deberás registrar el sonido del instrumento (consulta el capítulo destinado a la grabación de una maqueta) y con el otro el vídeo. Después deberás tomar el audio del dispositivo que has utilizado para grabar el instrumento y superponerlo sobre el vídeo que has grabado con el otro dispositivo.

De esta manera conseguirás que el sonido grabado sea de buena calidad y que no interfieran ruidos que puedan recogerse al mover o manipular la cámara.

Si puedes conseguir más dispositivos de grabación de vídeo (o mejor aún, varias cámaras de vídeo) podrás hacer grabaciones multicámara, esto es, grabar desde varios ángulos de visión. Este tipo de vídeos requieren una mayor edición pero dan un aspecto mucho más profesional que la grabación desde un único ángulo.

Vídeo «actuando»: este tipo de vídeos es el más utilizado por los cantantes y músicos de música comercial. En ellos la pista de audio se graba previamente en un estudio y el vídeo se realiza a posteriori. Esto permite hacer vídeos mucho más complejos y creativos con movimientos de cámara, cambios de planos, vestuario y escenarios, ya que hacer ruidos o dirigir los movimientos durante el rodaje no supone ningún problema porque no interfieren con el audio.

Para que veas a dónde puede llegar la creatividad de este tipo de vídeos te recomiendo encarecidamente que visites el canal de YouTube de agrupaciones como The Piano Guys, Anderson and Roe, 2Cellos, Simply Three, Break of Reality, Ember Trio, Brooklyn Duo, Pentatonix o músicos solistas como David Garrett, Jennifer Thomas, Lindsey Stirling. Todos sus vídeos son superproducciones y cuentan con un gran equipo técnico detrás, pero podemos tratar de emularlos.

Fíjate cómo en estos videoclips el intérprete simula que está tocando frente a la cámara, es decir, está actuando.

Realmente el sonido que escuchamos no es el del vídeo, sino que la grabación de estudio ha sido superpuesta a posteriori sobre el vídeo. Por esto será de vital importancia que antes de hacer el videoclip ya tengas grabado el audio definitivo que utilizarás como referencia durante la grabación de las imágenes, y que luego emplearás como audio único (eliminando el generado por la cámara de vídeo).

Para grabar este tipo de vídeos te recomiendo que cuentes con la ayuda de al menos una persona más para que te grabe en vídeo y ambos podáis moveros libremente. Para conseguir que el vídeo y el sonido vayan sincronizados es aconsejable que te sirvas de un altavoz bastante potente, a poder ser inalámbrico, para escuchar sin problemas la grabación real en todo momento y emular los movimientos mientras te grabas.

La calidad de la grabación en vídeo dependerá de múltiples factores ajenos a la aplicación que utilices: la calidad de la cámara que tenga tu dispositivo, la iluminación (siempre es mejor trabajar en espacios luminosos que en oscuros) o la estabilización. En mi opinión este último aspecto es uno de los más importantes, ya que, por mucho que tengamos una cámara de gama alta, si grabamos con movimientos muy bruscos o temblores el resultado nunca será profesional (a no ser que busquemos ese efecto para simular, por ejemplo, una persecución). Para conseguir unos movimientos suaves, lo que dará mucha profesionalidad a tus grabaciones, te recomiendo utilizar un estabilizador de cámara como los de las marcas DJI o Zhiyun.

Por otro lado, la aplicación que elijas para grabarte también puede influir en el resultado. La aplicación de la cámara que viene por defecto por lo general funciona en modo automático, es decir, no nos permite ajustar parámetros más avanzados como la profundidad de campo o la apertura del diafragma. Estos parámetros determinan, por ejemplo, si queremos que el fondo salga desenfocado cuando grabamos un primer plano, un efecto que queda muy profesional y da muy buenos resultados.

Por ello te recomiendo que utilices aplicaciones que te permitan modificar estos parámetros (o lo que es lo mismo, poner la cámara en modo manual) y que experimentes las distintas opciones que tienes para modificar la imagen.

Una vez hayas elegido qué tipo de videoclip quieres hacer, es hora de ponerse manos a la obra. Como he comentado anteriormente, puedes grabarlo desde tu móvil, pero también puedes editarlo y añadirle la grabación de sonora. Estas son algunas de las aplicaciones que te recomiendo para hacer tu videoclip completo sin soltar ni un segundo tu dispositivo móvil:

- **FilmicPro** (Android, iOS): esta aplicación es algo cara pero en mi opinión vale la pena cada céntimo de su precio. Es posiblemente la aplicación de grabación de vídeo más conocida y más utilizada. Quizá se deba a que es la más avanzada y completa que hay en el mercado. Obtiene resultados muy profesionales, tanto es así que han lanzado un concurso de cortometrajes grabados exclusivamente con su aplicación y el resultado es asombroso (puedes ver los vídeos concursantes buscando «filmic pro contest» en YouTube). De todas formas existen muy buenas alternativas, como Filmakr (iOS), ProCam (iOS), O Cinema FV-5 (Android) o (Android).

- **iMovie** (iOS): es la aplicación desarrollada por Apple para la edición de vídeo, y la ofrece tanto para sus dispositivos móviles como para sus ordenadores. Es muy sencilla de manejar y ofrece soluciones rápidas y cómodas para la edición de tus vídeos. Puedes importar en ella los vídeos que hayas grabado y poner las secuencias en el orden que tuvieras pensado.

▦ **VideoShow** (Android, iOS): es uno de los editores de vídeo para Android más populares, y ahora también está disponible para iOS. Al igual que la aplicación anterior, permite editar los vídeos de forma muy fácil e intuitiva, con resultados muy profesionales.

 Consejo 26: Técnicas originales

La originalidad siempre es un elemento que aumenta las posibilidades de triunfar. En el formato vídeo hay muchos artistas que han utilizado técnicas diferentes a la normal para que sus videoclips destacaran sobre el resto. Algunas de las técnicas que puedes emplear para proporcionarle un aspecto original a tu vídeo son:

- Contar una historia con el videoclip, hacer una especie de corto, como por ejemplo en «Thriller» de Michael Jackson.

- Grabar en plano secuencia (todo de una toma sin que la cámara haga ningún corte) como en «We Are Never Ever Getting Back Together» de Taylor Swift.

- Grabar en plano subjetivo (desde el punto de vista del protagonista) como en «All Falls Down» de Kanye West.
- Hacer *video-mapping* (proyectar imágenes sobre una superficie) como en «Save Me» de Irma.
- Grabar en 360°, como «Waiting For Love» de Avicii.
- Añadir lenguaje para sordomudos como en «80 veces» de Rozalén.
- Añadir coreografías impactantes como en «Chandelier» de Sia.

Promociónate y vende tu música en línea

Muchos músicos sueñan con desarrollar una carrera concertística y vivir como intérpretes o compositores a tiempo completo. Otros consideran la opción de dar conciertos simplemente como un complemento a su labor docente o como un hobby en caso de que su oficio no esté relacionado con la música. Sea cual sea la situación, en todos los casos son necesarias horas de estudio y práctica con el instrumento, y siempre se pretende mostrar ante una audiencia el trabajo bien hecho.

Tanto si tenemos la esperanza de hacer unos pocos conciertos al año (pero queremos que no solo acudan amigos y familiares) como si queremos comenzar una carrera como concertistas y que los programadores cuenten con nosotros en ciclos de música, festivales y eventos, es fundamental que aprendamos a promocionarnos como músicos, ya que nadie lo va a hacer por nosotros.

Internet es a día de hoy la herramienta más potente de difusión de contenidos, y por tanto será el medio más rápido por el que podremos dar a conocer nuestro trabajo.

Posicionamiento web

Un término fundamental a la hora de hablar de la presencia en Internet es el posicionamiento web o SEO. Esto se refiere a la posición en la que aparecemos cuando alguien indaga sobre nosotros en un buscador como Google.

Para tener un buen posicionamiento te recomiendo en primer lugar que elijas un buen nombre, que será el que deberás utilizar en todas tus redes sociales.

Pero no te apresures, antes de decidir el nombre por el que deberán encontrarte haz una primera búsqueda para comprobar si existe alguien bien posicionado con ese mismo nombre.

En el caso de que quieras emplear tu nombre real, lo más probable es que encuentres varias personas que se llamen como tú, pero lo importante es que juzgues qué nivel de trascendencia en Internet tienen o pueden llegar a tener. Si el primer resultado es un perfil de una red social seguramente estás de enhorabuena, pues aparentemente no hay nadie que se llame como tú y que haya conseguido una gran presencia en Internet. Si por el contrario tecleas tu nombre y te aparece una página web profesional o artículos de prensa, blogs o webs hablando sobre tu tocayo, lo mejor es que optes por otro nombre. ¡Imaginad la poca presencia que puede tener en Internet un instrumentista que se llame Bill Gates, por muy virtuoso que sea!

Una vez tengas decidido el nombre con el que te vas a dar a conocer es importante que registres todas tus redes sociales con tu nombre de usuario para que nadie te lo quite, al menos las más extendidas (por el momento, Facebook, Twitter, YouTube e Instagram).

Página web y blog

Además de las redes sociales, es recomendable crear una página web, ya que es la manera más cómoda de mostrar información sobre nosotros en el formato que más nos guste.

Hace años crear una página web requería tener conocimientos avanzados de informática o contactar con un diseñador web para que nos la hiciera. Hoy en día existen múltiples plataformas para crear una página web sin conocimientos muy avanzados de informática, como Squarespace, Wix, Jimdo o Weebly.

A diferencia de las redes sociales, las páginas web son estáticas, es decir, están pensadas para mantener el contenido que en ella mostramos por periodos largos de tiempo. Como mucho deberíamos actualizar la fecha de los conciertos que vamos a ofrecer. En este sentido, son muy cómodas, pues requieren un mantenimiento mínimo y nos permiten tener en un mismo espacio toda la información que pueda ser de interés para nuestra audiencia o posibles contratantes: nuestra biografía o currículum, el porfolio de nuestros trabajos más importantes, un modo de contacto y un acceso rápido a nuestras redes sociales.

Si en tu caso crees que vas a querer compartir nuevo contenido de manera continuada puede que te interese más crear un blog. Un blog es una página web dinámica, es decir, que cambia conforme la vamos actualizando, por lo que está pensada para compartir contenidos frecuentemente, como vídeos, texto o imágenes.

Muchas personas optan por tener una página web y vincular a esta un blog, donde van publicando contenidos sobre los temas que pueden ser de interés para su audiencia.

Para crear un blog, las plataformas más conocidas son Blogger y Wordpress.

Ahora que conoces los dos formatos es importante que te decidas por uno de ellos.

- Si comienzas un **blog** deberás procurar mantenerlo, pues en cada entrada que publicas aparece la fecha. Si tan solo publicas los primeros días y luego lo tienes meses o incluso años sin actualizar, darás a los visitantes una imagen descuidada o la sensación de que te has «retirado».

- Si tienes una **página web** y quieres desentenderte de ella una vez hecha, entonces te recomiendo no incluir ninguna sección de conciertos ni novedades, ya que de lo contrario tendrás que entrar a menudo a actualizarla si quieres evitar el efecto que comentábamos anteriormente.

Publicar tu música

Una vez tengas preparadas tus redes sociales y tu página web es hora de que publiques en Internet tu contenido: la música. Para ello también hay muchas opciones. Podemos utilizar la misma plataforma para subir audio y vídeo (por ejemplo, YouTube o Vimeo) o servirnos de estas únicamente para nuestros vídeos y otras para audio (por ejemplo, Sound-Cloud, Bancamp) y vídeo.

Obtener ingresos de tu música

Si quieres publicar tu música pero además obtener rentabilidad con ella puedes utilizar la monetización en las plataformas antes mencionadas (con esta opción se nos pagará por las reproducciones que recibamos o por los clics que se hagan en los anuncios que pondrán en nuestro perfil, dependiendo de la plataforma).

Otra opción para obtener ingresos es utilizar plataformas como Spotify, iTunes, Amazon Music o Deezer. Estas plataformas, además de resultarnos rentables, son las preferidas para escuchar música de la gran mayoría de usuarios, así que debe ser una opción muy a tener en cuenta.

Aunque aparentemente pueda parecer complicado, y muchos pensaréis que es necesario tener contrato con un sello discográfico para publicar nuestra música en Spotify o iTunes, es un servicio bastante accesible.

Existen páginas web llamadas «agregadores». Estas plataformas toman nuestras canciones y las comparan con su base de datos para asegurarse de que no infringimos derechos de autor. Algunos de estos mediadores son RouteNote, Reverbnation, Tunecore, FreshTunes o CDBaby, que nos gestionan la publicación de nuestra música en las plataformas de música en *streaming* más conocidas a cambio de quedarse con un porcentaje de los ingresos. Te recomiendo que te informes sobre cuáles son las condiciones en cada caso.

Obtener ingresos de tus *covers*

Si te decantas por versionar canciones de otros artistas, pero igualmente quieres obtener ingresos de tus grabaciones, deberás indicar la autoría al subir la música para no incurrir en delito.

Ten en cuenta que los derechos de autor duran setenta años desde el fallecimiento del compositor/autor o último coautor (en caso de que lo hayan compuesto varias personas), así que si tocas música clásica –que no sea contemporánea– no debes preocuparte. En todos los demás casos deberás informarte sobre la situación legal de la composición.

Las plataformas mencionadas anteriormente por lo general se encargan de gestionar los permisos y negociar la división de intereses por ambas partes, pero es importante que te informes si la plataforma que vas a escoger te da esa opción, si no, posiblemente no te dejen subir la música.

 Consejo 27: Patrocinado por...

Si quieres obtener ingresos puedes contemplar otros aspectos que, aunque no estén directamente relacionados con tu música, pueden resultar una fuente de ingresos a tener en cuenta que crecerá conforme adquieras más popularidad.

Estoy hablando de las empresas interesadas en tu mismo público. Por ejemplo, si eres un músico clásico, posiblemente una empresa dedicada a la lutería (construcción de instrumentos) esté interesada en promocionarse en tus vídeos.

Todos estamos saturados de publicidad, no tiene por qué ser el típico anuncio, la publicidad ha evolucionado a pasos agigantados. Puedes simplemente llevar puesto algo de la marca, o incluso plantearles un reto (por ejemplo que suban una fotografía con ese producto a las redes sociales bajo un #hashtag y hacer con los concursantes un sorteo).

Gestiona tus redes sociales y seguidores

En el apartado anterior hemos revisado los aspectos a tener en cuenta para promocionarse en Internet. Uno de los primeros es la elección de un buen nombre y la creación de los perfiles en las redes sociales más extendidas.

Desde ese mismo instante de creación debes publicar contenidos e intentar que tu red de seguidores vaya aumentando.

Por lo tanto no esperes a la publicación de tus grabaciones y tu material audiovisual para subir contenidos en las redes sociales, es aconsejable que mantengas siempre vivo el interés de tus seguidores, desde el minuto uno. Para ello procura publicar con mucha frecuencia cuestiones relacionadas con tu trabajo o contigo, pero sin implicarte en temas que sean demasiado personales.

Piensa que los seguidores de tus redes sociales conformarán una comunidad de usuarios interesados en tu música, pero también en tu figura.

Por lo tanto puedes informarles sobre el proceso de creación de tu música, contándoles cuándo y por qué estás inspirado, mostrándoles cómo es la creación de un nuevo proyecto y compartiendo con ellos (y agradeciéndoles) los premios, reconocimientos o buenas noticias que lleguen con respecto a tu trabajo.

Algo muy importante a considerar en el manejo de las redes sociales (como marca que quiere promocionarse, no como usuario personal) es que sigas una estrategia de marketing clara y bien definida. No dejes nada, o casi nada a la improvisación.

Define una estrategia

En primer lugar plantéate qué **objetivo** vas a buscar con el uso de las redes sociales. Dependiendo de este deberás escoger una estrategia u otra.

■ Si tu objetivo es **fidelizar** a una comunidad de seguidores, es muy recomendable que les hagas partícipes en tu día a día con publicaciones cotidianas que no buscan gran impacto, pero sí mantener la cercanía y el interés de tus seguidores.

■ Si, por el contrario, quieres **promocionar** un trabajo reciente o próximo (la publicación de un disco, un concierto, un curso que vayas a ofrecer, etc.), deberás evitar dispersar tus publicaciones y buscar el máximo impacto y difusión sobre el evento que deseas promocionar.

En realidad las dos estrategias son necesarias y se complementan. No podemos promocionar un trabajo sin antes haber creado una comunidad de seguidores interesados, pues la promoción tendrá un impacto mínimo, al igual que tampoco podemos informar eternamente de cuestiones personales sin mostrarnos como profesionales (que es por lo que nos siguen), puesto que de lo contrario perderemos credibilidad sobre aquello que decimos que se nos da bien hacer.

En una estrategia de fidelización es importante que publiques de manera continuada (para que tus seguidores no se olviden de ti), pero sin excederte. Es decir, no retransmitas cada uno de tus movimientos o acabarás siendo aborrecido con tus publicaciones, creando el efecto contrario. Con una publicación diaria o cada dos o tres días es suficiente, pero procura que siempre tenga interés. Para ello evita hablar de aspectos ajenos a tu persona o tu labor profesional (por ejemplo, no hables de lo orgulloso que te sientes por las notas que ha sacado tu hijo en el colegio).

Si ves necesario compartir ese tipo de contenidos, te recomiendo que crees otro perfil para separar tu vida privada de la profesional.

Define tu público

Una vez tengas claro el objetivo que buscas con tus publicaciones en las redes sociales es importante que definas el *target*, es decir, tu público objetivo.

Analiza a qué sector de la población pueden interesar más tus publicaciones y tu música. La mayoría de las redes sociales ofrecen analíticas sobre los usuarios que te siguen: su edad, sexo, ocupación, intereses, lugar de residencia. Conforme vayas publicando consulta estas analíticas para ver sobre qué sector de la población estás causando más impacto y a qué tipo de publicaciones reaccionan mejor.

Selecciona tus redes sociales

Redes sociales hay un sinfín. Por lo tanto, debes ser inteligente y elegir las que más te convengan, dependiendo del contenido que quieras publicar, las estrategias que vas a emplear y el público al que quieras llegar. Si deseas promocionarte del modo más sencillo lo mejor es que utilices las más conocidas y extendidas, ya que te permitirán llegar a un número mayor de usuarios. En la actualidad, las redes sociales más populares son:

- **Facebook**: fundada en el año 2004 por Mark Zuckerberg, Dustin Moskovitz, Eduardo Saverin, Andrew McCollum y Chris Hughes, funciona como una red para conectar con los nuevos amigos que vamos conociendo o para encontrar antiguas amistades. En ella los usuarios muestran información sobre ellos y comparten fotografías, texto, páginas webs o videos en los que sus contactos pueden reaccionar y comentar y que se almacenan en su «biografía» por orden cronológico. Tiene además la opción de crear «páginas», pensadas como una herramienta para compartir información pública con un gran número de usuarios de Facebook, a la vez que nos siguen voluntariamente y que no tenemos por qué tener agregados como amigos. Esta plataforma es ideal para dirigirse a un público amplio y compartir imágenes, vídeos y mensajes de longitud media, así como para obtener analíticas sobre las características de nuestros seguidores.

- **Twitter**: nacida en 2006 a manos de Jack Dorsey, Biz Stone, Noah Glass y Evan Williams, comenzó como una plataforma de *microblogging*, un servicio que permite compartir mensajes breves (un máximo de 280 caracteres) con los usuarios. Sus *tweets* se han convertido en la forma favorita de casi todos los medios de comunicación y celebridades para compartir mensajes muy cortos, opinar sobre temas de actualidad mediante los *hashtags* o dialogar públicamente con otros usuarios por medio del símbolo @. Es una red social muy utilizada para compartir reflexiones breves y dirigirse directamente a medios de comunicación o personalidades.

- **Instagram**: creada en octubre de 2010 por Kevin Systrom y Mike Krieger, se ha convertido en la aplicación más popular para compartir fotografías realizadas desde el móvil y editadas con la aplicación. Se identifica por sus característicos filtros que modifican la apariencia de las fotografías y la forma cuadrada de estas, en recuerdo a las míticas cámaras Polaroid. Es una buena opción si tu estética y estilismo es un diferenciador clave de tu marca personal. También es recomendable si quieres informar de tu día a día mediante el Instagram Stories, vídeos cortos que se eliminan a las 24 horas. Está destinada sobre todo al público joven.

- **LinkedIn**: fundada en diciembre de 2002 por Reid Hoffman, Konstantin Guericke, Jean-Luc Vaillant, Allen Blue y Eric Ly, es una red social orientada al sector empresarial, y por tanto es la plataforma idónea para mantener o hacer contactos de índole laboral. En ella cada usuario puede compartir contenidos periódicamente, así como la continua actualización de su currículum, indicando su formación y su experiencia, así como sus ambiciones laborales. Esta red social puede interesarte si tu objetivo es crear una red de contactos que estén dentro del negocio musical, como sellos discográficos, managers, productores o programadores musicales.

- **YouTube**: fundada en febrero del 2005 por Jawed Karim, Chad Hurley y Steve Chen, es la plataforma más popular para subir y visualizar vídeos. Ha conseguido atraer contenidos de todo tipo, por lo que su público es muy diverso. Recientemente ha triunfado el fenómeno de los *youtubers* y los *gamers*, personas que se graban en vídeo comentando partidas de videojuegos, temas de actualidad o realizando retos que los seguidores les piden. Esta plataforma es el medio idóneo para mostrar nuestro contenido en formato vídeo, ya sea conciertos, grabaciones, *covers*, videocursos o reflexiones sobre temas de interés para nuestra audiencia.

■ **Snapchat**: lanzada en 2011 por Evan Spiegel, esta red social, destinada a público joven y adolescente, parte del aspecto efímero de las imágenes. Esta aplicación está diseñada para compartir imágenes que se autodestruyen una vez el receptor las abre y transcurrido el tiempo que el emisor decide, en un máximo de diez segundos. También permite crear historias en formato vídeo que se eliminan a las 24 horas. Esta caducidad es ideal para mostrar nuestras rutinas, resolver dudas o responder comentarios, así como para lanzar promociones, concursos o sorteos en los que «forcemos» a nuestros seguidores a estar atentos a los contenidos efímeros que subimos.

■ **Periscope**: esta plataforma ha sido creada por Twitter y está pensada para compartir vídeos en *streaming*, es decir, en directo. Podemos decidir si la transmisión queremos que sea pública y accesible a cualquier usuario de la red social o solamente a nuestros contactos. Esta aplicación es ideal para transmitir vídeos en directo desde nuestro móvil sin tener un tiempo límite y sin edición posterior. En el caso de los músicos, es una buena opción para transmitir ensayos y conciertos, aunque otras redes sociales, como YouTube y Facebook ya han implementado también la opción de transmitir vídeos en directo. La diferencia es que en este caso el vídeo desaparece automáticamente una vez pasadas las 24 horas desde su publicación.

Existen muchas otras redes sociales, pero hoy tienen un menor número de usuarios o están especializadas en ámbitos concretos.

En cuanto a su gestión, lo ideal es que combinemos varias redes sociales, pero sin querer abarcarlas todas. Para ello debemos determinar qué estrategia queremos llevar a cabo, a qué público queremos llegar, qué utilidad vamos a dar a cada red social y en qué formato nos encontramos más cómodos y podemos generar más impacto.

Gestionar varias redes sociales es una tarea que a veces puede resultar compleja. Como hemos visto, cada red social tiene una forma de expresión, se basa en una filosofía y va dirigida a comunicarse de un modo muy concreto. Sin embargo, hay aplicaciones que nos permiten publicar el mismo contenido en varias redes sociales, personalizar cómo queremos que nos aparezca en cada una y obtener analíticas del comportamiento de nuestros seguidores. Algunas de ellas son:

- **Hootsuite, Everypost** o **Buffer**: estas aplicaciones nos permiten publicar simultáneamente en diferentes redes sociales, como Facebook, Twitter, LinkedIn, GooglePlus, Instagram, Pinterest... Además, podemos programar el día y la hora concreta en la que queremos que se publiquen y conseguir analíticas de los resultados obtenidos de cada publicación en cada red social.

- **IFTTT, Zapier** o **Workflow**: a diferencia de las aplicaciones anteriores, estas nos permiten automatizar tareas que van más allá de nuestras redes sociales. Su sistema funciona mediante API (Application Programming Interfaces), que es algo así como una puerta de acceso y salida que posibilita que los programas interactúen entre sí sin la necesidad de que los desarrolladores compartan el código completo de su programa. Con estas aplicaciones podemos diseñar secuencias de «si hago esto, que ocurra lo otro». Por tanto, podemos ordenarles: «Si publico en Facebook que se publique lo mismo en Twitter»; pero también secuencias más complejas como: «Cada vez que publique un artículo en mi blog, añade un evento a mi calendario de Google para que tres días después me recuerde que revise las analíticas de Facebook y responda a los comentarios». Sin duda, si lo que quieres es olvidarte de la laboriosa gestión de las redes sociales estas aplicaciones son una opción muy a tener en cuenta.

Consejo 28: Planifica tu actividad en las redes sociales

La actividad en las redes sociales requiere de una gran planificación, no solo a corto plazo, también a largo. Utiliza el calendario y las aplicaciones que te permitan programar publicaciones para estar activo en fechas señaladas y significativas para ti o tus seguidores (Día Mundial de la Música, Día de Año Nuevo, aniversario de la publicación de un disco, etc.).

Así no tendrás que estar preocupándote por tener buena conexión en Internet el día señalado, y tendrás tiempo de pensar el texto y la imagen ideal antes de hora.

EPÍLOGO

Algunos disfrutan con la música y sufren ante la tecnología. Otros sufren ante la música (sobre todo estudiándola) y disfrutan con la tecnología. Sea cual sea tu caso, espero que hayas disfrutado la lectura de este libro tanto como yo su redacción.

También espero que hayas advertido que el amplio abanico de posibilidades que la tecnología viene a traernos no ha hecho más que empezar, y se encuentra en un crecimiento constante.

Me gustaría que a partir de hoy, si encuentras alguna dificultad en tu práctica musical, recuerdes aquel autor algo loco que te animó a utilizar el móvil para resolver tus inquietudes y que corras a buscar si existe alguna aplicación que lo haga. Posiblemente, cuando vayas a buscarla exista y sonrías recordando mis palabras. ¡No dudes en ponerte en contacto conmigo si das con alguna aplicación interesante! Y si no la hay, puedes escribirme para decirme que al menos lo intentaste. Podré darme por satisfecho sea cual sea el resultado.

También espero que hayas perdido el temor a la tecnología, que hayas adquirido los recursos e ideas suficientes para utilizarla y, sobre todo, que te animes a crear nuevas formas de acercarte a ella.

Como ya sabes, esto no ha hecho más que empezar. La tecnología ha llegado para quedarse, y la música va a acompañarnos siempre. Este es el inicio de tu libro, ahora el fin lo pones tú.

Jame Day
www.jameday.com
www.appsparamusicos.com

ANEXO: OTROS RECURSOS INTERESANTES EN LA RED

Blogs / revistas digitales sobre música y educación musical

- Apps para músicos
- AB Música y más
- Almudena Lenguaje Musical
- Aninamasana
- Aula de flauta
- Aula de historia de la música
- Aula de lenguaje musical
- Aula de violí
- Aula de violín de Anna
- Autromactiva (trombón)
- Artseduca
- Beckmesser.com
- Blog Música clásica
- Blog de Jordi A. Jauset
- Blog de Rafael Salinas
- BlogCreativo13
- Camino de música
- Ciudad de la música
- Classic musica
- Codalario.com
- Crearmusica2
- Dactilo Tritono
- De la creatividad al piano
- Deviolines.com
- Educa con TIC
- Educación tres punto cero
- Eduplanetamusical
- El Renovatorio
- El barbero loco música clásica
- El blog de Antonio Narejos
- El blog de Remigi Morant
- El blog del lenguaje musical
- El violín didáctico
- Elena Muerza
- eMusicarte
- En clave de Sol
- En clave de cello
- Entre 88 teclas
- Entre fusas anda el juego
- Flautateka

- Flute training
- Fnesmusica
- Forumclasico.es
- Full partituras
- Fátima Lenguaje Musical
- Gran Pausa
- Guerra y Paz Carlos
- In BB Flat (tuba y bombardino)
- Jesus Guridi Biblioteca
- Juan Val Flauta
- La belleza de escuchar
- La Brújula del canto
- La clase de música de Pedro
- La trompeta de Dizzy
- Maestro del Violonchelo
- María Jesús Música
- Melómanos.com
- Mi Chambergo de Entretiempo
- Miguel Galdón
- Music, think & shout
- Musicalizarse
- Musicalizza.com
- Musiqueando con Maria
- Más que pianistas
- Mi violonchelo
- Música PDI
- Música clásica BA
- Notas de Paso
- Orquesta de frautas de Galicia
- Oysiao en el Oasis
- Piano Godella
- Postura sana en el conservatorio
- Promoción Musical
- RZ100arte.com
- Red Educativa Musical
- Red Música Maestro
- Ritmo y sonido del lenguaje musical
- Sentidos JulioSBV
- Taller de trompeta
- Tecla CPM Córdoba
- Trompemundo
- Ya nos queda un día menos

Canales de YouTube sobre música e instrumentos

- Apps para músicos
- Academia de Música
- Christian Vib
- Daryl Anton
- Diane Gp gp
- Diego Erley Guitarra
- DonLu Musical
- El Profe de piano
- El violin de Nana
- Eric Kauffmann
- Expresión Musical TV
- Gran Pausa
- Gret Rocha
- GuitarSimple
- Guitarra viva
- Hache VLn
- HansProd
- Innova Músic
- Isabel Villagar
- Jaime Altozano

- Javier Jiménez
- Jesús Amaya Guitarra
- La Brújula del Canto
- LaDoMiCilio
- Maestro del Jazz
- Maestro del Violonchelo
- Marcos Sasone
- Martin Ariel Rasskin
- MiguelAFont
- MusicNet Materials
- Música Secundaria
- Música para todos
- Octavio Santos
- Partitura playback
- Piano Click
- Priscilla Music

- Redes música
- Roy López
- Sebastian clarinete
- Sergio Vargott
- Taller de música online
- Taylor Fuentes
- The violin class
- Tocapartituras.com
- Tubescore.net
- Tus clases de guitarra
- Violin piano
- Virtuosso.com
- WowBrickArt
- YoMusico
- Youcanplayit.c

Plataformas con partituras en línea

- 8notes.com
- Arenai.free.fr
- Art Song Central
- Atril coral
- Biblioteca Digital Hispánica
- Biblioteca Nacional de Colombia, Centro de Documentación Musical
- Biblioteca de l'Orfeó Català, col·leccions digitals
- Cantorion.com
- Caroni Music
- Centro de Documentación Musical de Andalucía:Pianosolo.es
- Cervantes virtual música
- Chanterelle.com
- Choral Public Domain Library

- El-atril.com
- FindFreeSheetMusic
- Free Sheet Music
- Full Partituras
- Guitarra clasica del camp
- IMSLP.org
- Jellynote.com
- Kantorei Noten
- MuseScore
- Music & dance Reference Guide UCLA
- Music Room
- MusicNotes.com
- Musica On
- Musicaneo.com
- Musicnotes.com

- Musicologie.org
- Musopen
- Mutopia Project
- Música para todos
- Neue Mozart-Ausgabe-NMA Online
- Neuma.fr
- Partituras para clase
- Paul Butler Music
- Pianophilia
- Pianored.com
- Recorder Music Scores
- Rowy.net
- Score on Line
- Scoreexchange.com
- Scorser.com
- Sheet Music Direct
- Sheet Music Live
- The Ashford Sheet Music Collection
- Tocapartituras.com
- UNT Digital Library
- Ufficio Ricerca Fondi Musicali
- Victorian Popular Music
- Virtual sheet music
- Web Library of Seventeenth-Century Music
- Werner Icking Music Archive

ÍNDICE DE APLICACIONES

Cuerda
Violin Notes
Violin Notes Finder
Violin
String Quartet Sight Read
Bowing challenge
AtPlayMusic
Learn & Practice Violin Music
    Lesson Exercises
Scales Practice
Fiddle Companion
Violin multi-tuner
Cadenza
ScaleTracks

Viento
Tonal Energy
Create your fingering chart
Simple Reeds
NinGenius
Fingering Woodwings
Android Addict
Breathe+
Pranayama
Paced Breathing
Respiración de paranaiama

Percusión
Métrica musical
Groove Scribe
Rhythm Training
Maestro de Ritmo
Ritmo y Solfeo
Rhythm Trainer
Rhythm Swing
Rhythm Calculator
iRhythmic

Bluetooth Metronome
LiveBPM
Impaktor
Voice Metronome
BeatSpeak
SpeackBeat

Estudiantes
Sight Reading Machine
Sight Reading Factory
Sight Singing
EarMaster
Tenuto
Monk

Productividad
Music Journal
ProMusica
Musicians Practice Log
Practice Journal
Gaisan.io
Praxis:Music Practice Journal
Session:Simple Music Practice Ti-
    mer
Music Practice Assistant
Today
Noble
LikeTracker
Habitica
Way of Life
Logsit
HabitBull
Coach.me
GoogleGoals
Forest
ClearFocus
FocusList

Seconds
Todoist
Wunderlist
Google Keep
Grabadora
Aurasma

Conciertos
Scanner Mini
CamScanner
GoodReader
Foxit
ForScore
MobileSheetsPro Music Reader
MusicPal
SmartScore NoteReader
What's my note
PDFToMusic
Anytune Pro
TempoSlowmo
Amazing Slow Downer
Music Speed Changer
PracticeYourMusic
Periscope

Profesores
Educamos
Alexa
aGora
ApliAula
CifraEducación
Google CLassroom
iDoceo
Additio
iTeacherbook
TeacherKit
Google Docs

Tonara
What's app
Telegram

Propuestas
QRGenerator
Youtube
Magisto
Quik
iMovie
Gmail
DecideNow
Kahoot
Plickers
Socrative
Quizizz
Groove Pizza
Supermetronomo
Incredibox
GIF Maker
GIPHY Cam
YoutubeSlow
Grabadora
Spreaker Studio
SoundCloud
Noteflight
Scorecloud
Periscope
Livestream
Youtube
Facebook

Maquetas
Resonare
Garage Band
Walk Band
StageLight

PocketBand
WalkBand
Stagelight
Instant Buttons

Pop/rock
Jamn Player
AnySong Chord Recognition
Groove Scribe
Scale Master
MusicScalesDavidKBD
Scales & Modes
ScaleGenerator
iImprov Chord/Scale Compedium

Jazz
SessionBand Jazz
Erskine Jazz Essentials
iReal Pro
unRealBook
Fakebook Pro
iGigBook
Jazz ScaleHelper

Flamenco
Flamenco: Dr. compás
Soniquete
Flamenco Machine
Palmas Flamencas
Cajonazo
Soundbrenner

Étnica
DrumJam
Shehnai HD
Santoor HD

Tabla HD
Tabla Percussion
iTablapro
The Clave

Electrónica
CrossDJ
DrumPads
DJay 2
Edjing Pro

Compositores
ScoreCloud
Hum On
Chordana Composer
Bloc Musical
Chord detector
Melody Machine
WolframTones
Suggester
ChordProgression Master
ChordBot
Songwritters Pad
JamStudio.com
AmpleDesign
Kompoz
Looplabs
Finale
Sibelius
Noteflight
MuseScore
Notateme now
Staffpad
Score Creator
Notation Pad
Notion
Ensemble Composer

Covers
MusicStats
Spotify
Apple Music
Chordify
Chord Detector
Acapella
Looper
LoopyHD
MusiXmatch
Smule
Wurrly
Sing
Karaoke
Red Karaoke
Imitone

Maqueta
reSonare
LEWITT Recorder
Handy Recorder
Grabadora
GarageBand
WalkBand
Audio Evolution Mobile
Audiobus

Videoclips
FilmicPro
Filmar
ProCam
Cinema FV-5
iMovie
VideoShow

Web
Squarespace
Wix
Jimdo
Weebly
Blogger
Wordpress

Promoción
Spotify
iTunes
Amazon Music
Deezer
RouteNote
Reverbnation
Tunecore
FreshTunes
CDBaby

Redes sociales
Facebook
Twitter
Instagram
LinkedIn
YouTube
Snapchat
Periscope
Hootsuite
Everypost
Buffer
IFTTT
Zapier
Workflow

BIBLIOGRAFÍA

Alonso, R.,*Historia de la música para conservatorios*, Madrid, Visión Libros, 2014.

Baek, Y., *Game-based learning: theory, strategies and performance outcomes*, Idaho, Nova Science Publisher's, 2017.

De Olazábal, T., y De Arias, R. *Acústica musical y organología*, Ricordi Americana, 1954.

Del Fresno, M., *Conectados por redes sociales: introducción al análisis de redes sociales y casos prácticos*, Barcelona, UOC, 2014.

Martínez, A. M., 2016. *Aprende a improvisar al piano*, Barcelona, Redboook, 2016.

Mejía P., *Didáctica de la música para educación infantil*, Madrid, Pearson Educación Prentice Hall, 2011.

Minhua, M., y Oikonomou, A. *Serious Games and Edutainment Applications: Volume II*, Springer International Publishing, 2017.

Papalia, D. E., y Olguín V. *Desarrollo del adulto y vejez*, México, McGraw Hill, 2009.

Pérez, J. P., «Recursos formales en el videoclip actual: la opción "mainstream"», *Razón y Palabra*, 2011.

Peters, G. D., «Music Software and Emerging Technology», *Music Educators Journal*, vol. 79, n.º 3 (22-63), 1992.

Rodríguez-López, J., y Aguaded, I., «La cadena de valor del vídeo musical: el videoclip en el circuito comercial de las industrias culturales», *adComunica: revista científica de estrategias, tendencias e innovación en comunicación*, n.º. 9, (119-132), 2015.

Rutter, P., *The Music Industry Handbook*, Routledge, 2016.

Stieglitz, S. *Gamification: Using Game Elements in Serious Contexts*, Cham, Springer International Publishing, 2017.

Trías, E., *La imaginación sonora: argumentos musicales*, Barcelona, Galaxia Gutenberg, 2010.

Villagar, I. *Guía práctica para cantar*, Barcelona, Redbook, 2015.

Watson, S., *Using technology to unlock musical creativity*, Oxford, Oxford University Press, 2011.

Taller de música

CÓMO VIVIR SIN DOLOR SI ERES MÚSICO
Ana Velázquez

Los músicos están expuestos –más que la mayoría de las profesiones– a lesiones musculares y articulares debido a la repetición de sus movimientos. La mejor manera de prevenirlas es enseñando desde los comienzos la más óptima colocación del instrumento y evitar las alteraciones en el sistema postural.

Este libro ofrece los recursos necesarios en cada tipo de instrumento para mejorar la postura interpretativa y evitar lesiones que mermen el trabajo de un músico. Tiene como finalidad optimizar el rendimiento y calidad artística del músico ya que ofrece recursos para mejorar la postura interpretativa y en consecuencia la relación que cada músico tiene con su instrumento.

TÉCNICA ALEXANDER PARA MÚSICOS
Rafael García

La técnica Alexander es cambio. Un cambio de conducta que implica una visión más amplia de la música y del intérprete. La atención no se centra exclusivamente en los resultados, sino también en mejorar y cuidar todas aquellas áreas que conducen a una experiencia musical más satisfactoria.
Aprender a ver más allá del atril, levantarse de vez en cuando de la silla para tomar aire y reemprender la tarea con energía renovada, representa una medida saludable para el músico.
La técnica Alexander toma de la mano tanto las necesidades artísticas del intérprete, como los pilares del funcionamiento corporal que promueven en él una postura sana y movimientos libres. El resultado es beneficioso para ambos. La faceta artística del músico se amplía enormemente al reducir el número de interferencias en la interpretación, y a su vez, el bienestar corporal alcanzado lleva a una experiencia de mayor satisfacción.

MUSICOTERAPIA
Gabriel Pereyra

Este libro ofrece un viaje por el mundo del sonido y del ritmo.
A lo largo de sus páginas irán apareciendo un sinfín de posibilidades inexploradas que puede otorgar el poder de la música, acompañadas de diversos ejemplos para mejorar el nivel de relajación o aumentar la concentración, y otros para combatir el estrés o aliviar el dolor.
Gracias a los ejercicios planteados, el lector podrá desarrollar su musicalidad y alcanzar el equilibrio en la vida cotidiana, agudizando los sentidos, y mejorando su salud física y mental.

- La influencia de la música sobre el cuerpo humano.
- Los cuatro tipos de oyentes.
- El efecto Mozart.

CÓMO PREPARAR CON ÉXITO UN CONCIERTO O AUDICIÓN

Rafael García

¿Cuál es la diferencia entre un buen concierto y una actuación rutinaria? La elección de un repertorio adecuado es importante, por supuesto, pero no lo es menos saber traspasar la información de una partitura al espectador. El libro de Rafael García nos habla sobre el estudio efectivo y sobre la manera adecuada de preparar una actuación musical. Y lo hace no únicamente desde el aspecto técnico sino que también lo realiza desde la perspectiva de la preparación mental, cuestiones ambas fundamentales para alcanzar un gran rendimiento sobre el escenario.

CÓMO DESARROLLAR EL OÍDO MUSICAL

Joan M. Martí

El entrenamiento auditivo nos permite reconocer y distinguir un sonido, un patrón rítmico, un timbre sonoro. Pero también nos facilita entender y por tanto disfrutar más una determinada música. El libro que el lector tiene entre las manos no es una mera exposición de audiciones sino que contiene tablas de audiciones y ejercicios que le confieren un carácter muy práctico. Todo ello pensado para que el lector pueda observar, pensar, relacionar y, sobre todo, ejercitar su oído musical.

• Cómo reconocer diferentes texturas musicales.
• Distinguir entre monodia, homofonía, contrapunto, canon y melodía acompañada.

APRENDIZAJE MUSICAL PARA NIÑOS

Joan M. Martí

Este es un libro que complementa el anterior del mismo autor *Cómo potenciar la inteligencia de los niños con la música*, que se ha convertido en poco tiempo en un referente ineludible a la hora de hablar de aprendizaje musical. Este nuevo trabajo del musicólogo Joan Maria Martí muestra las características esenciales de los principales métodos de enseñanza de la música mostrando las ventajas pedagógicas de cada uno de ellos.

¿En qué consiste el trabajo de Kodály? ¿Qué aporta el método Martenot a la educación y desarrollo de los jóvenes? ¿Dónde puedo informarme del método Ireneu Segarra? ¿Cuáles son las ideas de Edgar Willems? ¿Qué beneficios aporta el Jaques-Dalcroze? ¿Qué es la Educación del Talento de Shinichi Suzuki?